熟齡生活 齊步走

大笑迎接 人生下半場

王淑芳（嫚婷）著

新北市愛笑瑜伽協會創會理事長

文字整理 吳昌儒

推薦序

因為愛笑，讓老寶貝找回活力

林頌凱
台灣愛笑瑜伽協會理事長、聯新國際醫院運動醫學中心主任、國家選手訓練中心特約醫師、Lamigo桃猿職棒隊醫療團隊召集人

情緒影響健康，健康影響人生。身為醫師的我，看到病人們身心狀況的高低起落，見證許多醫療無法解釋的奇蹟，心中特別有感受。

一直以來，我推廣運動醫學，希望協助民眾用正確的觀念和運動方式，減少身體的病痛。我接受過許多電視與廣播節目的訪問，而淑芳（嫚婷）算是其中非常特別的主持人。在訪談過程中，她總是稱她的聽友為「老寶貝」，特別能感受她對長輩的用心與貼心。後來得知，她因為想照顧獨居的母親，從而成立關懷據點，鼓勵長輩們老老互助、互相陪伴，重新建立良好的人際關係。她甚至帶著母

親與長輩們一起到養老院服務，還因此獲得好人好事代表。八年來每次看到她們母女一同參加愛笑瑜伽活動，笑容滿面，真是令人稱羨。經常有她的聽友來看診，談到她總是稱讚她的孝心，她將小愛變大愛，讓更多人受益。

很高興看到淑芳（嫚婷）將照顧父母與經營據點的經驗，整理成冊與大家分享。面對高齡化的社會，本書對好好照顧自己，與好好照顧家人，提供了許多實用的好方法。另外，對於愛笑瑜伽也有深入淺出的介紹，她將服務笑友的經驗，記錄成許多感人小故事，就像發生在我們與長輩們身邊的小故事，確實能引起許多共鳴與感動。期盼本書能造福更多人，幫助大家更健康，幫助社會更美好。

推薦序

以社區關懷，終結孤獨死

洪禮綜
中華金點社區促進聯盟理事長、
新北市五股區更新社區發展協會理事長，推動社區銀髮教育十逾年

人口超高齡、平均壽命延長，台灣的超高齡時代顯然已經來到，長照議題不能僅止於討論階段，完善的制度得即刻上路，並隨時滾動調整。然而，高齡孤獨的問題，也需要更多人一同關注，根據內政部統計，目前全國有超過九百萬戶家庭，其中約三百二十二萬戶為單人家庭，佔整體的第一位。有許多獨居與行動不便的長者，在有緊急需求時，第一時間無人在身旁照顧，可能因此錯失就醫機會，孤獨地在家中逝世而無人發現，導致「孤獨死」的案件增多。這不僅是社會的悲哀，且一年比一年還棘手，更凸顯社會照顧網絡需更緊密，才能有效減少悲

劇的發生。

政府多年前便積極推動一里一據點，希望達成在地老化目標，但目前各地社區照顧關懷據點的經營，隨著老年人口快速增加，許多村里的據點已嚴重不足，加上面臨志工老化問題嚴重，需要更多像淑芳這樣的年輕人力加入。雖然淑芳說，剛開始她是為了照顧自己母親，才成立據點。後來新北市愛笑瑜伽協會的業務逐漸上軌道，據點一個接著一個開，顯然已找到好的經營模式。據瞭解，目前協會在三重經營的三個據點，站長人選都跟她一樣，將自己父母帶來據點上課，接受服務，同時也服務別人；用照顧自己父母的心，照顧據點長輩，這是一個好現象。而許多在據點上課的長輩，本身也是志工，不僅在據點內服務，也加入愛笑寶貝志工團，走出三重，前進至新北市各區的養老院、安養機構等，充分落實「老老互助」精神讓許多年長者不但有事可做，更找到成就感，活得更有價值。

本書不僅有許多淑芳親自聆聽或見證的老寶貝溫馨感動故事，還有詳細完整的數據佐證、文獻資料補充等，豐富多元的內容撰述，期待這本書順利出版後，讓邁入超高齡社會的台灣，能有一本溫馨感人的文集給社會大眾來賞閱。

推薦序

大笑與公益的完美結合，由淑芳實現

唐從聖

全方位藝人、詞曲創作人、表演藝術教師、失智症照顧家屬，二〇二三年世界愛笑日在新北活動代言人

與淑芳的結緣，是在二〇二三年世界愛笑日的會前記者會。大家都知道我在演藝事業的螢光幕後，也是失智症的照顧家屬。當我得知淑芳除了照顧輕度認知退化的母親，也關懷其他獨居的年長者，還成立協會，經營失智社區服務據點與社區照顧關懷據點，更帶領長輩團練愛笑瑜伽，以及多年不間斷，前往各地長照據點關心長輩，我為她長期為公益的付出所感動，於是義不容辭，與王滿嬌一同接下二〇二三年世界愛笑日在新北的代言工作。

儘管活動已結束，但我依舊記得，在大會現場，淑芳熱力帶著來自全國超過

一千位的長輩，一同勁歌熱舞，開懷大笑，許多已年過70、80以及90歲的長者，似乎也因為感染了愛笑魔力，與一般老人家相比，顯得特別有活力，甚至都還能拋開矜持上台表演，與大家同歡。這是我從事表演工作多年所意想不到的。

身為一個喜劇演員，我努力把歡笑帶給所有觀眾，希望大家都能開心，而大笑與運動，也是我平日排解演藝與照顧工作帶給我的壓力與疲憊，最好的兩個工具。淑芳在這本新書中所提到對長輩的照顧，帶著長輩一起大笑與運動等等，都讓我有所共鳴。我很希望我的母親也能像淑芳的母親一樣，不但逐漸好轉，還能擔任志工去服務其他年長者。

很榮幸能有這個機會推薦淑芳這本新書，期待更多人能因為這本書，改變對於長照的印象與觀念，更要一起擁抱快樂的人生，如淑芳所說的「一路笑到掛」。

推薦序

來自台灣長者，令人感到驚艷的愛笑力

馬丹・卡塔利亞（Dr. Manda Kataria）
印度家醫科醫師、大笑瑜伽（Laughter Yoga）創始人

二〇一六年我第三次訪問台灣，是為了參加台灣首次舉辦，超過萬人集會的世界愛笑日在台中慶祝活動。對於台灣社會的活力、熱情和愛笑俱樂部的能量，都讓我留下了驚人的印象。但想不到，後續的發展更令我驚訝和驚喜，那就是Joan（王淑芳）透過大笑改變生命的故事。

第一次和Joan見面，是在她剛創辦的三重愛笑俱樂部。在結束二〇一六世界愛笑日活動後，John（陳達誠）安排我去新北市三重綜合體育場，一群熱情的笑

友迎接我們，其中讓我印象深刻的，還有一位盲人婦女，原來她是Joan的廣播節目聽友。

自從二〇一五年Joan透過John認識大笑瑜伽之後，就在自己的廣播節目上熱情推廣，並且不只有口頭討論而已，還接受John的笑長培訓，然後成立實體愛笑俱樂部。這種勇於實踐，樂於分享的精神，值得敬佩。然而這只是一個感人故事的開始而已。後續，她在政府和民間的協助之下，創立了三個銀髮族關懷據點，讓長輩們不只有戶外的大笑團練，也有安全不受風雨影響的室內練習與學習空間。

我很欣慰Joan透過這本書，把她的故事分享給我們，見證大笑瑜伽對長輩的身心有很多益處。我也期待她的書能有英文版問世，給全世界的笑友都能參考和學習，使全世界的銀髮族都能從大笑瑜伽獲益。祝福大家都能帶著大笑與愛生活。

In 2016, I visited Taiwan for the third time to participate in the World Laughter Day celebration held in Taichung. It was the first time this event was hosted there, drawing over 10,000 participants. I was amazed by the vitality and enthusiasm of Taiwanese society and the energy of the Laughter Club. However, what followed surprised me even more. This is Joan (王淑芳)'s life-changing story through laughter.

The first time I met Joan was at the Sanchong Laughter Club she had just founded. After the World Laughter Day 2016 event, John (陳達誠) arranged for me to visit the Sanchong Gymnasium park in New Taipei City. There, a group of enthusiastic laughing friends greeted me, including a blind lady whose laughing face left a deep impression on me. It turned out she was a listener of Joan's radio show.

Joan discovered Laughter Yoga from John in 2015 and enthusiastically promoted it on her radio show. Not only did she discuss it, but also received leadership training from John and founded a physical Laughter Club. Her courage to practice and willingness to share are truly admirable. However, this was just the beginning of a touching story. With the help of the government and the private sector, Joan established three elderly care stations. These stations provided the elderly with outdoor laughing group exercises and a safe indoor training and learning space, regardless of the weather.

I am very pleased that Joan shared her story with us through this book, showcasing the many benefits of Laughter Yoga for the elderly's body and mind. I also look forward to the publication of an English version of her book so that laughter enthusiasts worldwide can learn from it, allowing elderly people everywhere to benefit from Laughter Yoga. Laugh, Love and Live!

推薦序

別讓失智打亂你我的老後生活

陳俊佑
天主教失智老人基金會社工主任、三十年資深社工

您我有幸活在人類有史以來最長壽，而且各國平均餘命都在延長的現代社會，大家對自己的未來最擔心的事，已經不是活得不夠久，而是怕會久到沒有足夠的金錢，或是懼怕失能失智需要被長期照顧，但無人可照顧的窘境。根據衛生福利部二〇二四年一月出版的《一一一年老人狀況調查報告》，我國65歲以上自評健康良好比率只有55.31%、日常生活活動需人協助比率為11.86%、工具性日常生活活動需人協助比率為18.41%、有工作比率為13.40%（其中有50.55%因「經濟上需要」而工作），從目前四百一十五萬八千名的65歲以上人口去換算，是真的有許多國人正在面對上述的困境，呼應後學三十多年的醫療與老人服務社工生涯所

見，特此呼籲已經是中年的民眾們，需要提早思考與應變，才不會落入下流老人的窘境。

在多年前一次本會關懷失智症的電影宣導活動，認識了淑芳理事長。她熱情邀約我多次到她所主持的廣播與第四台節目中，協助聽眾認識失智症。隨著互動的次數增加，她也加入了陪伴老人福利機構，倡導關懷老人的志工服務。之後一路看著她開辦社區照顧關懷據點、失智社區服務據點、到創辦愛笑瑜伽協會，從三重綜合運動場，擴展到全國服務長輩，是真正用她的青春與服務的熱忱，把對雙親的愛，透過專業能力服務更多的長者。

她也把她的經驗，在平面與電子媒體上撰文，本書即是把她多年深獲讀者共鳴的文章，有系統地整理改寫之後，希望能一步步陪伴讀者，從中年就開始準備自己與家人的老年生活，包括心態、身體保健、財務規劃（安養信託）、面對死亡（預立醫囑）、再就業……，藉此活出精采的第三人生。後學誠摯的推薦這本實用的好書給每一位「未來的老人」，一起為未來預約一個不失智不失能的上流老人生活。

推薦序

實修、實練才能實證

陳達誠
台灣愛笑瑜伽協會創會理事長、達成醫療器材行負責人、
大笑瑜伽（Laughter Yoga）台灣引進人，
曾於二〇一七年代表台灣出席第一屆在德國法蘭克福舉辦的全球大笑瑜伽大會

古今中外，大家都知道「笑是良藥」，但是能夠付諸行動，把笑當作天天鍛鍊的運動，全世界最好的實踐，應該就是由印度卡塔利亞醫師夫婦（Dr. Manda & Madhuri Kataria），在一九九五年開創的愛笑俱樂部。現在全世界一百二十個國家都有這樣的團練團體。我在二〇〇五年創立台灣第一個愛笑俱樂部，也是秉持這樣的態度，「學到」就要「練到」，更要「用到」。

抱抱熊笑長（嫚婷、王淑芳）也是如此，甚至比我更加貫徹到底，跑在我的

前面，幾乎追不到她的車尾燈。二〇一五年，我在她的廣播節目談愛笑瑜伽後，二〇一六年她就受訓成為種子笑長；隨後在三重綜合體育場發起「三重愛笑俱樂部」，每週團練一次，累積能量。一年後成立新北市愛笑瑜伽協會，並設立社區照顧關懷據點、失智社區服務據點，讓笑友和長輩每天可以在據點相聚學習。草創初期，大部分經費都是自行籌措，但她總說：「只要看到媽媽每天快樂和大家一起相聚學習，就滿足了。」很多笑友受她「付出不求回報」的無私心態所感動，加入她的志工團隊。新北市社會局也給予肯定，不只給予經費補助，更陸續協助協會成立第二個和第三個社區照顧關懷據點。

這樣的故事，剛好見證了「大笑的驚人力量」，更是一位愛笑瑜伽的學習者可以經由「實修實練」進而實證的過程。只要願意走出踏實的一步、走出舒適圈，走進伸展圈，從「笑」獲得的正向能量，利益眾生，挑戰不可能，那麼就能縮小個人的恐慌圈，擴大舒適圈。個人改變了，外在環境也會跟著改變。我們全國笑友都感謝抱抱熊笑長和她的團隊，為大家做的完美示範。

推薦序

台灣需要多幾個淑芳

黃揚名
輔仁大學心理學系副教授、
Podcast節目《生活中的心理學博士電台》主持人、心理學暢銷作家

第一次和淑芳見面，是因為我上她的廣播節目，當時就發現她對長者非常有愛。在廣告的時候，她都很熱情的跟我分享，剛剛Call-in的長者又有怎麼樣的豐功偉業，我聽得意猶未盡。許多年過去了，淑芳不僅是廣播主持人，她還經營了三個關懷據點，其中還有特別專注於服務失智症長者的據點。淑芳對長者的大愛，是一種發自內心的篤定，不是為了要得到什麼，而是單純覺得有什麼是為長者好的，自己又有能力，那就去做吧！

雖然沒有直接問過淑芳，為什麼她會這麼執著，但我想和長者們改變的故

事，絕對脫離不了關係。很高興這次淑芳把這些故事寫下來，讓更多人有機會知道，其實老了不一定就只有一個腳本。只要你願意走出家門，願意打開心房，你的老後生活也可以很不一樣的。同時，淑芳的身體力行，更是我們大家的楷模。只要你想要為長者做點什麼，你絕對可以找到一些自己能努力的方向，就像淑芳透過愛笑瑜伽，讓長者可以笑開懷一樣。

面對高齡少子化的未來，我們不該把一切寄託在外籍看護工身上。年輕的您該想想，您有什麼可以做的，可以讓長者過更好的生活；年長的您也不能偷懶，您該意識自己是老後生活的主人，想過怎麼樣的人生，就要自己做主。只有當我們一起面對的時候，我們才能一起共老、共好！

推薦序

用笑陪伴長者的淑芳，也用正能量改變社會

黃貴帥
三軍總醫院婦產部主治醫師、和平婦產科診所院長、禾馨民權婦幼健康中心主任、前台灣愛笑瑜伽協會理事長

約十年前受「幸福酸甘甜」廣播節目主持人王淑芳的邀請，去錄音室分享愛笑的驚人力量，從此與她結下深厚的愛笑緣。最初她出自孝心，要帶領媽媽走出憂鬱，陪伴媽媽參加愛笑俱樂部，從此找回快樂的媽媽。她自己也深受感動，從笑友（抱抱熊即是她在愛笑俱樂部的笑名，此名給自己與他人溫暖甜美的力量）努力參加愛笑培訓認證，成為笑長（愛笑俱樂部的帶領者），之後更發心奉獻，創立新北市愛笑瑜伽協會，推廣愛笑瑜伽。

在我擔任台灣愛笑瑜伽協會理事長期間（二〇一六～二〇二二），抱抱熊擔任協會理事，她展現無比的行動力與創新的愛笑想法、作法，給協會注入喜悅的新生命與活力。她成立社區照顧關懷據點、失智社區服務據點、愛笑寶貝志工團及愛笑空靈鼓隊，主辦二〇二三年世界愛笑日在新北活動，一路用愛笑陪伴上萬位長者，因為她的盡心盡力與犧牲奉獻，給眾多長者和社群帶來快樂與溫暖，她的努力和奉獻獲得了社會的肯定，並榮獲二〇二二年新北市好人好事代表。

現在她將這近十年的經驗和智慧整合成書，分享如何活出精彩的熟齡生活，希望能啟發更多人活出精彩的人生，盡情享受愛笑帶來的幸福。感恩抱抱熊展現了她用生命影響生命，用愛笑傳遞正能量的美好事蹟。我很榮幸可作序，推薦大家共讀此好書。

作者序——

我與老寶貝們的良緣

親愛的老寶貝，好寶貝，感謝您願意翻開這本書。如果您曾經覺得自己沒把年邁的父母、另一半照顧好，別自責，畢竟我們都沒經驗。這是我們人生第一次變老，更可能是第一次面對死亡，我想請您，在照顧別人之前，對自己好一點，先把自己照顧好。

我們可能是人類有史以來最長壽的一代。為了不讓長壽變成一種悲哀，我們得創造出新的「老樣子」。對於我們的上一代，好好陪伴；對於我們的下一代，學會放手，創造屬於自己的好日子。關於這些，透過這本書，我有一些想法與經驗，想分享給您。

近十年來，我在照顧長輩的過程中，體驗「老老互助」許多好處，並真實見證據點長輩的生活，讓我理解：活的有意思，就會想活久一點。所以創造一個讓長輩可以相互陪伴，成長，玩樂的環境，非常重要。

老、病、死是一連串的過程，也許不需要把「老」界定的那麼清楚。幾歲是老人？幾歲該退休？儘管能力可能隨著年齡退化，但珍惜當下還能做的，並感到舒適就好。我經常在公園運動，看著帶狗散步的人，拄著拐杖走路的人、坐在輪椅上被推著的人，再看看公園裡盛開花……我知道能跑是一種幸福，能走也很好，能出來曬曬太陽也不差。一年四季的公園都有不同的美景，人也應該一樣順其自然，歡喜接受，面對當下，學會看見長輩的「能」，別專注在「不能」的地方，這些都讓我領悟到照顧長輩時的心態，也安頓了我曾經焦慮不安的心。

學習大笑瑜伽，讓我把注意力回到自己身上，關注自己的內在情緒。把自己管理好了，一切就變好了，就像大笑瑜伽創始人卡塔利亞醫生說的：「笑不能解決問題，但可以改變你面對問題的態度，當你笑了，你的世界就變了。」悲傷、焦慮、憂鬱、開心、快樂、興奮都是情緒，當情緒來襲，如何讓自己回到平衡，都需要練習。長久穩定的快樂，建立在能覺察自己的每個當下。

您的微笑，能讓好事早點到。練習時時保持一顆積極、正向的心，可以幫助我們發現老天爺慈愛的安排，使我們可以不斷領受上天給的禮物。對自己笑是智慧，對別人笑是慈悲，相信愛笑的人運氣都不會太差。

目錄

第二章 生病了也不要慌，談病後照顧

第三章 笑口常開！勇敢面對老化

第四章 愛笑力在新北萌芽、茁壯

第一章

無縫接軌退休後的第二人生

1-1

提早開始退休規劃

50歲，即將退休的您，思考過如何照顧父母和自己嗎？

Story

屆齡退休的黛安芬小姐

「黛安芬小姐」已經在公司服務了二十三年，正準備退休。最近女兒即將結婚，她說著：「今年嫁一個，明年再嫁一個，責任就完結了，終於可以快樂的過日子了。」

現在的她，除了每天都會找時間上健身房運動，排休時間也幾乎都貢獻給志工訓練與養老院的愛心活動。她的身材與體力都不輸給年輕人，那天養老院連續兩場的娛老行程，忙完已經快五點了，晚餐後她又來協會據點和大家聊天，說待會要去洗頭打理一下，凌晨兩點就要前往機場，未來女婿與女兒要帶她到沖繩旅遊五天。她說旅遊回來後，接下來等真的退休，就要回娘家好好照顧爸爸媽媽，如前文化部長龍應台所說：「不能再等了，把時間留給最需要的人。」

相較於其他人，相信黛安芬小姐的退休人生顯得相當樂活幸福。除了思考自己退休後的人生下半場生活，在您的人生計劃裡，也有「照顧父母」的時程表嗎？如果您即將步入知天命的50歲，相信父母至少也都接近或超過70歲了吧！

面對人生的下半場，一場與疾病的對抗賽即將開始，除了要顧好隨著年齡邁過健康高峰的自己，還要照顧年邁的父母；如果子女也還尚未獨立自主，夾心餅乾的辛苦，我們都能感同身受。

迎接超高齡社會與父母高齡疾病的照護需求

根據國家發展委員會的人口推估報告，台灣已於二〇一八年步入高齡社會

（高齡人口14％），預估到了二〇二五年將進入高齡人口達20％的「超高齡社會」，屆時光是65歲以上的糖尿病人數可能就有近百萬人。

而從衛生福利部二〇一五年統計的結果顯示，60-79歲是中風發生率最高的年齡層（40.7、48.5／每十萬人），而65歲國民，高血壓盛行率更高達56.6％。60歲以上不分男女每五人就有一位有糖尿病，糖尿病患平均年齡接近62歲。

除了上述這些需長期對抗的文明病，還有長年盤據國人死亡主因榜首的癌症，也不容忽視。財團法人保險事業發展中心的統計資料顯示，國人癌症的發生年齡，從45歲開始快速增加，直到80歲才開始緩和降下。從性別來看：男性從50歲開始都維持高峰期；女性特別是45-55歲這段時間，得到乳癌的機率最高；的確，許多疾病罹患率都與年紀成正比。

至於也好發於長輩的失智症，依衛福部二〇一一年委託台灣失智症協會進行的失智症流行病學調查結果顯示，輕微認知障礙者佔65歲以上的高齡人口17.99％；失智症佔7.54％（包括極輕度失智症3.08％，輕度以上失智症4.46％）。也就是說，65歲以上的高齡人口約每十三人即有一位失智者，而80歲以上則約每五人即有一位失智者。

如果您的雙親為這些病症所苦，相信身為照護者的您，無論是財務、體力，甚至精神的磨耗都是非常大的。上述的疾病，未來都極有可能發生在您我的身邊，因此我時常這樣提醒我自己和周遭的親友們：

- 對這些常見疾病的照顧與預防，已經有概念了嗎？
- 糖尿病飲食，高血壓、高血脂控制與癌症篩檢，健康檢查都記得做了嗎？
- 長輩經常說身體不適，能幫忙找對科看對醫師嗎？
- 如果長輩不幸失能或失智了，該怎麼照顧呢？

這些問題，不只是我個人，也是大家必須要趕緊跟上進度的功課。面對疾病，絕對不只是靠看醫師、吃藥、打針而已，尤其飲食習慣的改變，以及復健進度是否落實，將會是身體能不能康復的關鍵。

一般人可能都會先想到幫父母找外籍看護，或是以為把長輩送到養老院就能解決一切，但現實往往不如盤算中那麼理想與順利。我在由我們新北市愛笑瑜伽協會所經營的失智社區服務據點中，便時常見到長輩不願意去醫院做檢查，也不希望子女將自己送到安養中心的例子。但往往拖到長輩的病情惡化後，照護的沉重負擔就壓在這些尚未或屆齡退休，早已沒有年輕巔峰期好體力的子女身上。

考量多數長輩希望在熟悉的環境中生活，並且渴望子女的陪伴，從目前的台灣老化速度與長照規劃來看，居家老化還是最可行的方法。雖然照顧的責任還是會回到家庭，但依據政府長照2.0的規劃，建構社區整體照顧服務體系（長照ABC，A級：社區整合型服務中心、B級：複合型服務中心，含「一國中學區一日照中心」、C級：巷弄長照站）已逐漸上路，也是最符合長輩需求的情況。

台灣正面臨少子化巨浪的席捲，應思考未來誰會照顧我們？

我們也要思考一個問題：台灣雖然有讓世界各國稱羨的健保制度，許多疾病都有醫療給付，但台灣已面臨少子化，加上經歷經濟奇蹟時，大幅度成長的高峰期早已過去，政府的財政壓力劇增，連各種年金給付都可能直接縮水，50歲的您，該如何做好準備？難道只是存夠一筆資金，就能安心退休嗎？是否該為自己建立好被動收入，讓本金帶來正循環的金流，真正讓自己在財務上高枕無憂呢？

Tips

長照 ABC

	A 級 社區整合型服務中心	B 級 複合型服務中心	C 級 巷弄長照站
申請單位	◆ 公立機關（構） ◆ 以公益為目的設立的財團法人、社團法人、社會福利團體。	◆ 以公益為目的設立的財團法人、社團法人、社會福利團體。 ◆ 老人福利機構（含小型機構）、身心障礙福利機構。 ◆ 醫事機構 ◆ 社會工作師事務所	◆ 以公益為目的設立的財團法人、社團法人、社會福利團體。 ◆ 老人福利機構（含小型機構）、身心障礙福利機構、醫事機構。 ◆ 社會工作師事務所 ◆ 其他，如社區照顧關懷據點、社區發展協會、村（里）辦公室、老人服務中心、樂智據點、瑞智互助家庭等。
服務內容	◆ 於一定區域內建立在地化服務輸送體系，整合與銜接 B 級與 C 級的資源。 提供下列服務： ① 同時辦理日間照顧及居家服務的長照服務單位，除既有服務外，另擴充辦理營養餐飲、居家護理、居家／社區復健、喘息服務或輔具服務等至少一項服務。 ② 透過社區巡迴車與隨車照服員定時接送，串連 ABC 級服務。	◆ 於固定區域內提供在地化照顧服務，目前已在社區提供相關長照服務的單位，除提供既有服務外，且須擴充功能提供如日間照顧、小規模多機能、團體家屋、社區復健或共餐服務等其中一項的社區式長照服務。	◆ 提供近便性的照顧服務及喘息服務。 ◆ 向前延伸強化社區初級預防功能： 就近提供社會參與及社區活動的場域；提供短時數照顧服務或喘息服務（臨托服務）、營養餐飲服務（共餐或送餐）、預防失能或延緩失能惡化服務。
目標	每一鄉鎮市區一處	每一國中學區一處	每三個村里一處

※資料來源：衛福部長照 2.0 懶人包

沉且，照顧了父母，誰來照顧我們呢？其實現在大多數的長輩都擁有基本的房地產與退休金，除了身體狀況，大多數不需要我們過於擔心。但在台灣目前的困境中，最險峻的還是少子化問題。如果您現在剛好在半百之際，二十年之後就會來到70歲，要認清自己將可能成為第一代「真正面臨沒有家庭照顧的老人」，住到養老機構的機率會比現在高出更多，並且需要依靠自己來照顧自己，畢竟，少子化就是從這個世代開始的。

所以趁現在把時間多花一些在健康上吧！好好顧好自己的健康，並多關心長照的相關制度、政策、建設與規劃，提早為退休生活做好準備。

1-2

資產規劃的新選擇「安養信託」

從資產管理到老後照顧的全方位規劃

Story

熱心服務卻晚景淒涼的老頭子

「老頭子」從年輕時就喜歡到處服務他人，對於公共事務的關心總是全心全意，他從公車司機的崗位退休後，更是全職投入公益服務。但我認識他七年多以來，從沒見過他的家人一起來參加協會的活動，他總是說家人忙。這幾年他身體各方面退化的速度飛快，牙齒不好，飲食營養不均，身材非常瘦弱，精神越來越不好，後來他連穿戴整潔都顧及不了，身上的味道更讓他的社交出現問題。有時候他沒來參加活動，我們才發現他自己一人獨居，家裡連電話都沒裝，也不喜歡跟家人往來，即使弟弟與弟媳住在樓上，也都難得見到他一面，只因為他喜歡幫助別人，卻不要別人幫他，他覺得丟臉。

有一天他拉著行李箱來協會經營的社區照顧服務據點找我，問他能不能去住養老院。我說當然可以，而且我們之前一起去服務的養老院，離他原本居住的地方很近。他想把房子賣掉，支付養老院的費用，我認同他的規劃，因為他的確需要被照顧，才能有正常生活起居。在養老院至少有穩定的三餐，也有人打掃清潔，還能好好洗澡，也有人幫洗衣服。

但再經過半年，他已經瘦的不成人形，不但快走不動了，房子還沒有賣掉，身上也沒什麼錢吃飯；有時候里長還會發現他就睡倒在公園、便利商店門口等地方。雖然社工早就介入關懷，但家屬表示老頭子沒有住安養院的意願，他有房子、有妻子、有兒子；即使社工想要將他安置，也沒有權力，只能勸說。看著他老人家幾年前還風風火火的到處為人服務，卻在幾年內變成街頭遊民，真是令人鼻酸，不勝唏噓。

■ 認識安養信託機制

看著「老頭子」淒涼的晚景，我開始思索，應該做些什麼，讓每個人在還保有自主意識時，做好財務規劃，畢竟沒人能保證自己不失能，不失智。因為我在電台有主持財經廣播節目，對於個人資產規劃的相關議題本來就有留心，且當社會大眾把討論焦點放在如何做好退休的財務規劃時，我發現包含銘傳大學金融科技創新研究中心的李智仁執行長，在《信託敲敲門：樂齡理財，人生更精彩》一書中，提到金管會所推動「信託2.0：全方位信託計畫」，以及中華民國信託業商業同業公會、家族信託與高齡金融規劃顧問師廖一聰，都曾撰文提到的安養信託的益處，讓我領悟到，唯有懂得運用安養信託，才能安享晚年。而且越早規劃越好，千萬別以為什麼都可以自己來，尤其是與錢有關的事情，最好是在自己腦袋清楚的時候就先安排好。

這幾年國內各大銀行也逐步跟上趨勢，紛紛推出不同的安養信託方案，但一般人對於許多金融專業術語都未必能一知半解，更何況是對信託概念十分薄弱的長輩們，如果直接推薦長輩們，將自己的財產交付給銀行安養信託，他／她們未必能接受。我再度開始思索，如何用最簡單的說明，引導這些常來社區照顧關懷據點上課的長輩們，尋找適合的財務信託方案。於是我主動與中華民國信託業商業同業公會聯繫，熱心的公會祕書立刻就引薦了任職於合庫金控的蔡森益副理，請他來據點與長輩們介紹安養信託。

蔡副理向參與講座的長輩們分享一個安養信託的實際案例：一位住台北市且富有的老太太，利用信託把自己的財產指名留給孫子，只因為她覺得兒子非常不成才，即使每個月已給兒子二間房子的租金花用，但她仍擔心自己的資產會全部被花光、賣光；於事她透過信託，將自己在台北市的十幾棟房子與財產，規劃給還未成年的孫子，預定孫子成年後可以繼承幾間房子、結婚可以繼承哪些資產、小孩出生又可以繼承什麼資產等。

透過這個案例，蔡副總讓大家理解，在信託的部分，可以隨著客戶的不同需求，進行不同的調整，並非將資產完全無彈性的封存於銀行。

我本來以為，只有少數已開始接觸安養信託議題的長輩與子女，會前來參加這場講座，沒想到現場長輩的反應出乎我意料的熱烈。長輩們紛紛提出自己對安養信託的關注，尤其是「現在沒有很多錢，能不能邊存邊規劃」，以及「離婚、遺產分配時，已信託的財產會不會被計算」等常見疑問。

當時蔡副理也解釋，安養信託跟一般人做退休規劃存錢一樣，約莫需要先把金額累積到一千五百萬左右，然後利用信託，慢慢的把錢領出來用在自己身上。也就是說，信託功能在後段；前段的存錢得看自己的能力。

至於已被信託的財產，是由銀行所監管，就算離婚、往生也不會被直接拿出來分配，因為這個部分早就做好規劃了，但也可以依個人意志，將信託財產放回到遺產中。如此既有保障，又保有一定靈活度，這就是信託的好處。

安養信託，保障個人資產，也照顧到高齡服務

信託最可貴的，在於同時具有資產獨立性（受信託的資產相當安全，不用擔心會因離婚、往生而被迫重新分配）、延展性（可結合各種金融商品的投資，做適當的資產配置以提升資產運用效率，讓資產用得更久、更靈活，甚至帶來被動收入），遞延性（唯一具跨世代財產管理與傳承的金融工具，資產可指定繼承對象，不受民法中的繼承權規定限制）等優點。信託機制鼓勵民眾提早規劃、進行，這

樣才能為長壽風險與漫長退休生活的資金需求做好準備。

而安養信託也可以協助委託人（受益人）理財規劃、穩健投資，提升受益人信託財產的收益；再加上信託業跨業結盟其他廠商，提供受益人生活上全方位的服務，形成與信託客戶緊密結合的關係。不需要等到擁有一大筆資產後再交付信託，提早交付信託可以減少資產被詐騙、被覬覦、被侵佔、挪用的風險。而且對銀行而言，年滿55歲民眾所申辦的安養信託，可以納入金管會信託2.0「最佳安養信託獎」評鑑獎勵的範圍。所以銀行為了爭取得名，可能會用比較優惠的價格來吸引民眾辦理。截至二〇二三年底，約有二十多家銀行有辦理安養信託服務。

此外，安養信託也能與其他金融服務結合，例如受託或運用於「有價證券」、「以房養老」、各類「保險」，並且與醫療、社福及安養機構老人住宅、殯儀服務、輪椅接送及租車業者進行跨業合作。因應高齡長者需求，更全方位提供居家照顧或機構入住、健檢與醫療接送、輔具租用預約，甚至是福利申請、身後事禮儀等服務，真正兼顧財產管理與人身照顧，使信託2.0不只是理財，而是結合高齡生活需求的全方位信託服務。

即便我們據點的長輩已逐漸認識安養信託，但我自己的觀察，目前社會大眾對於安養信託的觀念建立，真的還有待加強；就連我自己的阿娘、公婆等，還是比較傾向依賴自己或子女來幫忙管理資產，而非交給銀行信託。在認真研究過安養信託後，我深深認為，安養信託這種更有保障且保有靈活度的資產管理方式，還能兼顧人身照護，才能使我們在未來更安心邁向退休後的第二人生。

因此我非常希望，大家能多去瞭解目前國內各大銀行所推出的安養信託方案，行政院、衛福部不時都有相關的政令宣導，而信託公會也十分有心，已於官網建立了「高齡者身心障礙者財產信託專區」，資訊十分詳細、易懂，相信能幫助大家認識信託觀念，找到最合適自己與長輩的安養信託方案。

信託公會官網：高齡者身心障礙者財產信託專區

https://www.trust.org.tw/tw/old-disability

1-3

越來越普遍的熟齡孤獨

孤獨世代成形，50歲紛紛搶住養生村

Story

資深單身貴族王姊

平日本來就很關注高齡照護相關議題的我，因參與了由中華民國老人福利推動聯盟與衛福部社會及家庭署，合作推展發起的「獨立倡導關懷計畫」，我前往各地的養老院探訪，並透過一位我們三重愛笑俱樂部的老寶貝，他已接受公費安置在養老院，我認識了同樣居住在這裡的「王姊」。見到王姊之前，我就被我們的老寶貝提醒，千萬不要叫她「王媽媽」，因為她這一生都沒有結過婚喔！儘管王姊已逾70歲，但皮膚白皙，身材嬌小，頭髮整理的非常有型，臉上總是掛著靦腆的笑容，想必年輕時是位美麗

氣質的姑娘。後來我每次來到這間養老院，都會帶些點心找她喝下午茶，聊聊天，總能感覺到她的心情特別愉快，可能是因為很難得有人來探望她。

王姊沒有其他親人在台灣，她唯一的弟弟定居國外，回國一趟山高路遠，幾乎不曾來養老院看她。透過她與我們分享她的人生故事，得知她從小到大一直跟母親同住。十分孝順的王姊更把照顧母親視為她唯一的責任，母女倆相依為命，度過了漫長時光，一直到年邁的母親走了。加上因為她一直小姑獨處，早就過了適婚年齡，轉眼間也邁入老年，對談戀愛、找個伴也無欲無求，於是就成了獨居的孤獨老人。

有一天，她在家中昏倒，幸好被鄰居及早發現，緊急送醫才救回一命。而後經里長通報，為避免再次發生類似的危險狀況，王姊才接受社會局的安置，搬到養老院居住。但長年習慣孤獨的她，依然不熱衷於社交，就這樣開始了她在養老院的另一個孤獨人生。

五十歲就住進養生村是趨勢

曾任教於靜宜大學社會工作與兒童少年福利學系的社會學者紀金山教授，據他的調查，台灣住宅自有率超過七成，雖然半數長者都有房，但子女無法負擔照顧重擔，讓原生家庭的照顧功能愈來愈薄弱，因此他挑戰台灣「在家養老最好」的傳統價值觀，並認為對獨居者來說，在家養老可能是最糟的選項。紀金山教授在接受《銀天下》專訪時曾提到：「對於獨居的人來說，家的那份熟悉感，反而會讓人缺少刺激，更容易衰退。應該要走出家門，建立網路連結。」

而在養老院中，依據不同的興趣、嗜好所建立起「類家人」的網絡，讓那些原本孤獨在家的長輩，紛紛找到生活的樂趣，加上有完善的健康照護，不用頻頻打擾還需照顧小孩的子女，因而吸引不少新興退休族群開始積極尋找老人住宅，也帶動台灣養生村日益搶手的現象。

《台灣老人福利法》自一九八〇年制訂以來，規定老人福利機構必須為非營利性質的財團法人才能設立，也就是只能限定在慈善、公益團體，不能營利。即便一九九七年修法後，雖然放寬私人可以經營五十床以下的小型機構。但是，經營者資格、空間規劃、面積、單位空間比、人力比、監督評鑑，甚至每一床的定價都被《護理人員法》、《老人福利機構設置標準》、《老人福利機構相關罰則》、《老人福利法》等重重限制。儘管市場需求大，但是願意投入市場的企業卻是少之又少，就連以照顧健康老人為主的長庚養生文化村，都是依靠企業家王永慶先生生前捐贈的三十四公頃土地及基金，每年賠四千萬才能經營下去，所以我們老了之後，就算有錢也不一定能住進養老院安老。

已營運多年並打出口碑的長庚養生村、潤福養生村等，皆屬於典型的「安養機構」。長庚養生村的規定是年滿60歲、可自理生活的亞健康長者才能申請入住。而潤福養生村則沒有相關限制，甚至有50歲左右便前來入住的房客。

此外，還有不限年齡的板橋新光傑仕堡、由紀金山教授創立的台中好好園館、業者「幸福久久窩」設立的中山故事館、北車全齡館等，皆屬於青銀共居的「全齡友善宅」，開創了安養機構全新的營運模式，提供年長者一種新的住宅選擇。

至於長期服務，以我們新北市愛笑瑜伽協會在三重所營運的中正、光榮與神農三個據點來說，就屬於社區式服務的「社區照顧關懷據點」；據點營運的費用，來自中央衛福部與新北市社會局相關計畫經費支持。所以據點提供亞健康的長輩來上課、共餐、交流等，不僅不需任何費用，且透過一系列的互動，鼓勵長輩們每週要安排時間走出家門，來到據點活動，延緩退化。

不婚不生，讓孤獨世代逐漸形成

人生的劇本沒有人能偷看，誰都沒有辦法確定自己是否能順利遇到另一半、結婚生子。像王姊這樣的單身貴族，在台灣未來恐怕不在少數，甚至成為社會主流，主因與伴隨經濟發展而來的社會結構變遷、少子化、性別平權意識抬頭等等都有直接或間接相關連，而台灣長年低薪與逐年通膨問題，更是造成不婚不生的元兇。

根據內政部人口統計，二〇二二年時，台灣目前20歲以上、44歲以下人口未婚人口，雙雙突破50％，國人總生育率更在前一年就已降到十年新低點的0.98％，不僅幾乎是全世界最低生育率。這個世代將會面臨孤獨終老的人生，未來全台灣更將有四分之一的人，可能都是如此。即便許多長輩就算結婚、有子女，子女無力或無意願與父母住在一起，因此形成「假性子女」的新概念，一旦等到配偶年邁離世後，變成高齡獨居；這種機率不但相當高，在我們協會的社區照顧

Tips

老人福利機構分類

長期照顧機構 即一般所稱的安養中心、養老院、養護所。	◆ 長期照護型：以罹患長期慢性病，且需要醫護服務的老人為照顧對象。 ◆ 養護型：以生活自理能力缺損，需要他人照顧的老人或需鼻胃管、胃造瘻、導尿管護理服務需求的老人為照顧對象。 ◆ 失智照顧型：以神經科、精神科等專科醫師診斷為失智症中度以上、具行動能力，且需受照顧的老人為照顧對象。
安養機構	以需他人照顧或無扶養義務親屬，或扶養義務親屬無扶養能力，且日常生活能自理的老人為照顧對象。
其他老人福利機構	提供老人其他福利服務。

※資料來源：老人福利法第34條及老人福利機構設立標準第2條。

長期服務分類

居家式服務類	到宅提供服務
社區式服務類	在社區設置一定場所及設施，提供日間照顧、家庭托顧、臨時住宿、團體家屋、小規模多機能及其他整合性等服務。但不包括機構住宿服務類。
機構住宿式服務類	以受照顧者入住的方式，提供全時照顧或夜間住宿等服務。
綜合式服務類	提供上述兩種以上服務的長照機構。

※資料來源：長期照顧服務法第9條及21條。

※長照機構依提供方式與其服務內容，相關費用請自行洽詢各服務機構。

關懷據點也十分常見。

「孤獨」是個令人擔心害怕的問題，且長輩獨居在家，沒人照顧，一旦發生意外，不僅難以立即發現急救，而許多慢性疾病如糖尿病、高血壓，甚至失智症也難以儘早覺察、提前控制病情，更成為健保財政與社會整體的隱憂與負擔。於是，各種老人福利機構也順應時代而生，許多長輩對於住進養老院，也從早年的抗拒，到如今逐漸熱門，甚至還要提早卡位。

還有一種狀況就活生生發生在我身邊。一位男性朋友的母親已經超過80歲，先前她曾因出車禍，造成髖關節、肩關節全都粉碎性骨折，加上本身還有嚴重的骨質疏鬆症，更令醫生束手無策。看著母親因疼痛而夜不能眠，食不知味，他自己也很痛苦，想說反正原本薪水就不高，請人照顧不如自己來，於是就把工作辭了，專心在家照顧母親。老人家眼眶帶淚，看著已經年近50歲、沒有伴侶也沒有工作收入的兒子，哽咽的說：「我一定要好起來，不然我兒子以後就完了！」

我聽了真的很辛酸，未來他肯定也是孤獨世代的一員，但經濟狀況可能不允許他能果斷入住養老院。我相信這件發生在我身旁的實例，絕對不是個案。儘管政府面對高齡化、少子化等嚴峻問題已經是焦頭爛額，但十年、二十年後將跨入孤獨世代的我們，也不得不喊出屬於我們的擔憂與困境。

孤獨世代的人，雖然不為家庭功能照顧，仍能成為社區的一分子，像是社區照顧關懷據點便是很好的服務單位，但仍需要更多長輩與年輕人都來瞭解以及積極參與運作，讓社區照顧關懷據點真正發揮出社區關懷的功能，而不應該只是停留在里長每天發愁著找符合資格的長輩來吃飯、領便當。如果把據點只當成核銷政府補助經費、放飯的場所，就真的太可惜了。

目前社區照顧關懷據點只有公益、慈善團體才能申辦營運，發展上的瓶頸，造成據點設置數量、容量皆無法滿足社會上的需求。我認為，也許政府應該用更開放的態度來面對這些問題，放手讓市場機制自然發展，在地安老、在家老化的可能性也許就能跟著提升。另外，我非常建議，未來即將成為孤獨世代的朋友們，提早接觸社會服務、增加社會參與。目前各地縣市政府都積極推廣長照服務的相關志工訓練（相關資訊可洽詢各地社會、衛生局處官網），完成培訓後，現在先由我們服務別人，未來也希望別人能服務我們。政府如果能建立更完善的志工回饋機制，讓年輕時有所付出的人，在年老時能夠無償得到照顧，如此一來，我相信社區照顧關懷據點的功能就可更加完備。

1-4

退休後還能做什麼？

退而不休最健康，讓長輩有事可做

Story

閒不下來的憲哥與水噴噴

Covid-19疫情解封後的那一年，憲哥與水噴噴夫妻經由朋友的介紹，來到三重愛笑俱樂部，學習愛笑瑜伽。夫妻倆雙雙從成衣業的高階主管退休，經濟狀況不錯。但每次和笑友一同團練時，與老婆水噴噴相比，老公憲哥明顯虛弱消沉。有一次水噴噴私下向我們透露：他們原本規劃好，一退休就要出國旅遊，環遊世界，沒想到退休不到半個月，疫情就爆發了，讓他們連門都出不了。在幾乎足不出戶的期間，憲哥突然罹患恐慌症，以往神采奕奕、意氣風發的樣貌完全不見，不僅連出門都舉步維艱，食欲與睡眠也都非常不理想，才三個月整個人完全變型了。

面對老公的病情，水噴噴沒有放棄，始終照料三餐，並定時陪伴就醫，除了正規的醫療，也希望透過愛笑瑜伽能讓先生重拾笑容。如今疫情過去了，出門不受限制，也不用強制戴口罩，但他們依然還沒踏出國門，現在的退休生活與退休前想像的完全不一樣。

不過，來到三重愛笑俱樂部後，夫妻倆除了每週一固定參加團體運動與志工服務、每個月參加團體旅遊，水噴噴還會定期電訪獨居長者，憲哥則成為志工服務團隊中的影像紀錄者，每個月兩次到養老院機構帶動長者運動。雖然志工服務內容不困難，但每一個項目都需要服務技巧，對夫妻倆來說都是全新的學習。儘管是做不賺錢的工作，但反而需要更多耐心與堅持，也考驗意志，要從中獲得成就感與歸屬感，就需要融入團體與別人磨合。

如今，夫妻倆重新開始忙碌，雖然與退休前的工作型態截然不同，但有了新的生活重心後，明顯能感覺憲哥逐漸找回動力與自信，原本的恐慌症逐漸往好的方向發展，讓水噴噴越來越放心。相信夫妻倆離一起出國旅遊的日子已經不遠。

退休後只能剩下疾病？「老老互助」讓老人有事做

平時到各大醫院常見到一種景象：一大早一大群長輩坐在診療間外面，不是來看病，就是為了回診、拿藥。漫長的等待看診、櫃檯繳費和領藥過程，往往就是他們的生活重心，每個月、甚至每兩週排滿回診的行程。誇張的說，他們每天吃的藥可能比飯還多。這些長輩平常幾乎不出門，一旦出門大多是為了看醫生，這種過度「醫療化」的銀髮生活，真的是我們要的嗎？如果覺得老了就是會生病，那身體肯定會越來越糟，日常除了吃藥看醫生，其他的都不想努力，同時放棄夢想，不追求生活樂趣，心也會跟著生病。

許多人把退休之後稱為「第二人生」或「第三人生」，象徵從職場任務解放，卸下子女教養的重責，如果經濟許可，更不必遷就太多的外在因素，完全掌握屬於自己的人生。從退休前忙碌高壓的日常，轉換成清閒度日的狀態，有些人會把時間留給自己的興趣嗜好，有些人會想繼續挑戰自我與完成未實現的夢想。但有些人卻因此找不到生活重心與人生方向。

如果失去學習與嘗試新生活的動力，身體可能就會慢慢退化，甚至只剩下疾病。現代人普遍越來越長壽，第二人生的時間可能會超過第一人生，如果不好好充分利用，難道老後生活只剩下與疾病的長期對抗？

據點有一位獨居的單身女老師，她剛退休時，原本以為海闊天空，不必再服務任何人，每天睡到自然醒，醒來隨便吃點東西到處晃晃，一轉眼一個月過去了，日子開始無趣，睡醒了也不想吃東西，無來由的就想哭，三個月內爆瘦了十五公斤。幸好鄰居發現她不對勁，鼓勵她去就醫；經診斷，才發現自己得了憂鬱症，她覺得好無辜，原本應該是悠閒的退休生活，怎麼會生病了？

她住家一樓就是社區照顧關懷據點，鄰居常邀請她一起去參加課程。有一天下大雨，她下樓去據點與大家一起用午餐，迎面走來一位93歲老奶奶，齊耳的白髮會發亮，戴著大大的黑框老花眼鏡，瘦小的身軀還能挺直腰桿，穿著樸素，像極了瓊瑤電視劇裡民國初年的女大學生。雖然老奶奶不必人攙扶，但是天雨路滑，深怕她跌倒，固定有一位志工陪伴她前來據點。用餐完畢之後，因為當天人手不足，志工要忙完手邊工作，才能陪老奶奶回家。老奶奶等了好一會兒後，趁大家不注意起身走到了門口；她警覺的跟到門口，於是老奶奶便開口請她陪伴回家。沿路她們閒聊著，才知道老奶奶一直單身獨自生活，現在雖然體能比較不好了，但還能走動，也一直很努力維持每天都要出門的習慣。自從那天以後，她找到了每天要做的事情，她每天接送老奶奶，陪著她上課。說也奇怪，她原本很不喜歡這些課程，為了陪老奶奶完成功課，剪紙、畫畫都做得有模有樣；老奶奶經常開心的哼哼唱唱，她也跟著跳起舞來。現在她不必再吃安眠藥與抗憂鬱劑，也能正常生活了。

以我們新北市愛笑瑜伽協會的六位授課講師來說，只有一位未滿55歲，其他五位都是已經開始領退休金的退休族，有自國中退休的理化老師、從百貨公司退下來的櫃姐等，他／她們剛開始都只在協會擔任志工服務，慢慢地接觸到長者的講師課程，於是開始接受培訓。目前最高齡的授課講師已經75歲了，她的專業自信與活力都不亞於年輕的授課講師。每一位講師每週授課兩堂，時薪約八百到一千元，每個月八堂課的時間，並不會造成太大壓力，既有成就感又可賺錢。教學的對象都是跟自己年紀相仿的銀髮族，也可說是教學相長。講師們因為授課，需要不斷進修，邊學邊教，與時俱進。

我們協會在三重經營的失智社區服務據點、社區照顧關懷據點中，這種「老老互助」相當常見，不但讓有能力的長輩有事可做，比起一般年輕人，他／她們更能理解銀髮族的需求，讓服務者與被服務者都能得到最妥善的照顧。

提升高齡者的勞參率，滿足長輩經濟與社會勞動力需求

在全球許多已開發國家皆面臨人口老化、少子化趨勢下，勞動力日漸欠缺，因此延後退休年齡的呼籲時有所聞。日本老年學會甚至認為，所謂高齡者的年齡應該提高到75歲以上，而65-74歲年齡應再另外劃分為「準老人」（Pre-old）。尤其這群隨著戰後嬰兒潮出生的準老人，不但比過去的老人健康許多，且人口龐大，早早退休實在可惜。以人口更稀少、勞動力本來就不充裕的紐西蘭為例，政府並沒有特別規定退休年齡，因此在自然的情況之下，65-60歲的老人就業率可高達42.6%，相較於許多國家面臨戰後嬰兒潮屆齡退休的衝擊已經非常輕微。在台灣，目前法定的退休年齡是65歲，但根據勞動部於二〇二一年所做的中高齡（45歲以上）及高齡（65歲以上）勞動狀況調查報告，發現高齡者的勞動力參與率僅有9.2%，雖然逐年上升，且已來到歷年最高，但與亞洲鄰近國家相比，仍舊偏低。

老人持續就業的趨勢正在形成中，往好處想，是因為我們的長輩身體越來越硬朗，從壞處想可能是因為長輩還要繼續負擔家計，或是害怕通膨會讓錢不夠用，就算打工的薪水不多，也願意去賺錢。像是近年新興的「代排」行業，就是代替你去排隊買限量商品、點光明燈、排隊美食等等，儘管時薪低的離譜（代排一次的時薪只有台幣一百五到二百元），但老人多的是時間，因此常看到老人們作伴排隊，邊排邊閒聊、吃東西、滑手機，樂此不疲。

而現在連鎖速食店、咖啡店等櫃檯也會看見身穿制服的長輩，儘管他們操作POS機幫客人結帳的速度不快，有時還要同時處理信用卡與不同的行動支付系統、雲端發票掃碼、輸入電話號碼或身分證字號幫客人累計會員點數等一連串複雜的流程，但這群細心且溫暖的長者店員，不但不容易有所遺漏，也會耐心詢問每一位顧客的需求，餐飲業對衛生清潔的高標準要求更是不用擔心。相較於個性急躁、時間到了就想趕緊打卡下班的年輕打工族，長者店員的服務有時還更到位，更深受親子與同樣為年長顧客的青睞。

但您會希望家中的長輩去賺這些辛苦錢嗎？我相信大部分有孝心的子女都說不會，但如果能夠賺點外快，幫孫子買喜歡的東西，很多老人家可是當仁不讓。

在內政部於二〇二二年公布的「年簡易生命表」中顯示，國人的平均壽命為79.84歲，其中男性76.63歲、女性83.28歲，皆高於全球水平。但1111人力銀行在二〇二三年所做的調查，國人平均59歲便從職場退休；因此，我們更該思考的是，如何讓長輩做一件自己有成就感，體能也負擔得起的事情；若要重返職場，讓他／她們在友善長者的職場環境中，有尊嚴地快樂上下班？如何活化長輩們的老年生活，並且讓社會能傳承長輩的智慧經驗，物盡其用，人盡其才？這些都正考驗著政府的高齡政策規劃。

目前在台灣，高齡就業率比韓國、日本低很多，但不代表長者沒有工作需求，不管是精神需求還是金錢需求。下次在便利超商或餐廳裡，或是在醫院、郵局、圖書館、博物館等機構被銀髮長者服務，請多給一些耐心與鼓勵吧！其實長輩能繼續工作是一種幸福，也是我們的福氣。

1-5 生命權自己掌握

談預立醫囑與安樂死

Story

生命鬥士贊阿公

贊阿公是我的資深聽友，是一位勇敢又認命的小腦萎縮症患者。多年前他提早退休，專心照顧罹患紅斑性狼瘡的老婆，直到她離世的65歲那年。「她走的時候身體很多地方都不好，最後竟然是吃東西噎到嗆死的！」他說著眼眶有點濕濕的。這就是真愛吧！過去常看到、聽到的都是女人照顧男人，有個深情的老男人還在為已逝去的愛人悲傷，著實令我感動。

老婆走了，剩下贊阿公一個人，原本以為輕鬆了，沒想到半年內他就被診斷出小腦萎縮症。雖然這是如同晴天霹靂般的打擊，不過往好處想，其實知道總比不知道好吧！不必像無頭蒼蠅一樣，四處尋找解藥浪費時間，還可以珍惜自己能動能做的每一天。贊阿公和我說，他活的很辛苦，但還不會死，因為老天爺不收他，而他能活下去的原因，竟然是因為算命的跟他說，他的流年能活到78歲，現在他才71歲。他積極運動只為了讓肌肉不萎縮的太厲害，希望能保持自理能力，不必麻煩到兒女。

贊阿公臉上散發著孩子般天真的表情，我覺得他老人家好可愛，因為他相信自己能活到78歲，所以很坦然且勇敢的接受命運安排，每天持續努力運動。我到他家跟他一起做愛笑瑜伽，每次玩到「觸電的笑」，他都高興地想要站起來，往往差一點跌倒，因為他的小腦功能正快速的衰退中。未來，他將面臨不能走、不能說，甚至不能坐，只能整天躺著（臥床）的狀況，而且因為他已經失禁，加上跌倒次數太頻繁，已經超過一年沒出門。

每當我要離開贊阿公家時，他總是賣力送我到門口，並告訴我，他每天會扶著門口的五斗櫃，做三百下我曾在節目中分享過的踏步運動。我想，他做起來應該會比別人更吃力，耗費比別人更多時間，但他還是認命的努力運動著，只因為他要活到78歲，而且在那之前他不想躺在床上。

預立醫囑，掌握醫療自主權

對生命相當坦然的贊阿公，除了不希望生病的自己成為家人的累贅，更希望有尊嚴的活著，甚至已經提前與家人道別。多年後當我開始接觸「生命自主權」的議題，研究了包含「預立安寧緩和醫療暨維生醫療抉擇意願書」以及「預立醫療決定書（預立醫囑）」，也讓我回想起當年與這位生命鬥士贊阿公的互動。在社會上有許多長輩不一定能像贊阿公如此坦然、勇敢，甚至家人、子女也都未能提早做好心理建設，去面對長輩在未來可能遭遇失去認知能力、長期臥床等狀況，一旦發生，巨大壓力往往嚴重衝擊日常生活。

如果遇到親人重病，到底該急救，還是放棄？

這個議題相信不只是困擾著每一位辛苦照護病人的家屬，更引發社會各界爭論多年。受到傳統華人文化與家族觀念的影響（另一說是道德綁架），加上醫療技術的進步，面對臥床病危的親人，大多數家屬都還是選擇插管、氣切、電擊、裝葉克膜等勉強續命，不但長期佔用病房、病床，還得應付龐大的醫療與住院開銷。當今各大醫院也時常面臨醫護人力短缺，因而排擠到其他同樣需要醫療資源的病患。

所以我們更應好好思考：勉強續命，真的對病患本身好嗎？社會上甚至也發生過，家屬為了要請領補助、退休金等，讓早已無意識、無自主能力的長輩長期臥床，造成生不如死的狀況。

在人權意識抬頭的當下，如果病人已無求生意志，是否應該尊重他的醫療自主權？

台灣早於二〇〇〇年便三讀通過《安寧緩和醫療條例》，也在立法院歷經四次修正，但當中的「預立安寧緩和醫療暨維生醫療抉擇意願書（俗稱：「意願書」、「DNR」或「放棄急救書」）」卻存在一定程度的缺陷，特別是僅限定於重大疾病的「末期病人」，對於失智、植物人或不可逆轉的昏迷症狀等均不適用，無法保障簽署人自身的醫主權。

於是在二〇一九年，台灣又通過亞洲第一部《病人自主權利法》，在其規範的「預立醫療決定書」中，讓病人在特定臨床條件下，除了「末期病人」，更涵蓋到包含「不可逆轉之昏迷、永久植物人、極重度失智、其他經中央政府（衛福部）公告之疾病」均適用，讓病患有知情、選擇、決定的權利，尊嚴善終，且將註記於健保卡中，讓簽署人決定自己接受或拒絕維持生命治療，或人工營養及流體餵養的權利。衛福部更已研擬於二〇二四年，讓預立醫療決定書的簽署納入健保給付，期盼能讓醫療自主權的觀念普及。

目前一般健康或者亞健康民眾，要簽立決定書，都需要到醫療院所執行，在這之前，我們可以多方面瞭解，例如：聽相關演講、諮詢專業人士的建議、收集更多身邊的案例。現在政府衛生機關與老人福利機構都積極辦理各種講座，希望能讓更多人理解生命末期如何走的有尊嚴，並能真正按照自己的意願，甚至不浪費社會資源。

不過，從《安寧緩和醫療條例》到《病人自主權利法》，相信都是社會各界對於醫療自主權的重視，但專業的法律、醫療術語，不僅一般民眾難以理解，就連我自己也是花了非常多時間請教相關領域的專家，才比較知道該如何向長輩說明。為了讓前來社區照顧服務據點上課的長輩們也能認識簽署「預立醫療決定書」，掌握自己醫療自主權的重要性，我曾邀請基隆長庚醫院安寧病房的主任吳宗翰醫師前來分享，經由他專業且淺顯易懂的解說，使長輩們都能決定自己的尊嚴善終，並且拒絕插管，不要卡床，讓醫療資源能更充分運用在更需要的病人身上。

Tips

衛福部「預立醫療決定、安寧緩和醫療及器官捐贈意願資料系統，可以下載「預立醫療決定書」表單，以及查詢相關資訊。

https://hpcod.mohw.gov.tw/HospWeb/index.aspx

生命末期的尊嚴善終，安樂死在台灣可不可行？

談到生命自主權，另一個討論度也相當高的議題就是「安樂死」。許多久病厭世的病患，尤其是慢性病、癌症等患者，面對一系列痛苦且不知道何時才能結束的化學、物理治療，或是像贊阿公這種與小腦萎縮症長期對抗，但只希望活到特定歲數的長輩，如果沒有面臨立即的病危狀態，又不希望採取自我了結的手段，「安樂死」一直是一個在國內無法進行的手段。

國內安樂死最知名的案例，不外乎就是知名主持人傅達仁，因自身遭受癌末病痛，長期推動安樂死在台灣合法化未果，最後還是只能遠赴瑞士，在自己意識清楚的狀態下和家人祝福與告別後，脫離折磨已久的病體。

立法院曾提出《尊嚴善終法》草案，但社會共識尚未建立，似乎還需要更多討論。然而時間不等我們，進入超高齡社會的台灣，「善終」的議題每天都有人需要面對。根據衛福部的統計數據顯示，二〇二一年國人「不健康餘命」為7.56年，雖然這不完全指臥床、無意識的病患，但若推算成病患需被長期照護至少將近八年，對於需擔任照護者的家屬來說，是不小的負擔與煎熬。曾經歷家人長期病痛照護的我，非常能感同身受。

我認為，雖不健康，但是只要意識清楚，都應該積極瞭解生命末期將會遇到的身體變化與醫療可能性，例如：什麼情況下為末期病人、不可逆轉的昏迷、永久植物人狀態、極重度失智等患者，如何維持生命治療？人工營養及流體餵養是怎麼執行？什麼狀況下應該不要積極治療，轉為安寧治療？我們需要更多的知識量，來面對生命末期的恐懼與不安。

很多人認為，只要有安樂死，就能解決長照問題，但其實在國外執行安樂死，也需要在本人意識清楚的情況下執行。往往長照悲歌的發生，通常都是病人已無法表達意識，只剩下呼吸與哀嚎，但家人與醫療機構也無法自行決定是否繼續治療。因此，若能夠在自己意識還清楚的時候，就簽下預立醫療決定書，不但能拯救自己，更能讓家人避免掉入痛苦深淵當中。

我從《安寧緩和醫療條例》與《病人自主權利法》一路的修法、立法過程，看到台灣社會對於醫療、生命自主權的觀念正逐步建立，相信等到相關概念更普及，民眾建立更正確的觀念，且各界達成共識後，安樂死的合法推動將水到渠成。在完善立法後，也能避免安樂死遭受有心人士利用，變相成為殺人工具。

在簽署預立醫療決定書的過程中，我們將更瞭解生命末期可能會碰到的問題，也可決定誰來當醫療委任代理人，把自己能做的都先做好，會讓自己面對疾病更謹慎、更積極。也因為提早思考過這些問題，能更自在、更珍惜當下，這應該也是安樂死很重要的意義吧！若不能把自己的事處理好，怎麼安樂，又怎麼面對死亡呢？

第二章

生病了也不要慌，談病後照顧

2-1

善用政府長照資源

當個聰明的照顧者與被照顧者

Story

奇異果阿公與亮晶晶阿嬤

記得二〇一六年三重愛笑俱樂部一成立，亮晶晶阿嬤與奇異果阿公幾乎每個星期一都從南港搭一個小時的車，來三重綜合體育場團練，即便是冬天的寒流、夏天的豔陽也沒能阻礙他／她們，依然準時到達，只為了跟我們一起練習愛笑瑜伽。

亮晶晶是一位非常害羞而且傳統的阿嬤，雖然因為腦瘤開刀，造成一眼失明，但這完全不影響她美麗自信的笑容，每天早上她也都在社區裡跟鄰居一起運動。每當團練愛笑瑜伽時，她都會主動帶領其他老寶貝，一起拍手高喊「Ho Ho Ha Ha Ha」，雙手舉高大笑出來，甚至開心的跳起來。儘管已經78歲，又曾經生過重病，她依然能跳得這麼高，真的令人驚訝。與他一同前來的奇異果阿公也高齡85歲，因為脊椎側彎，行動略微不便，學會使用健走杖之後，走路便穩定多了。阿公最喜歡唱歌，每次團練大家都會讓阿公表演一首歌，他的歌聲相當宏亮，連路人都會特地停下來聆聽。他們夫妻可說是我們俱樂部的高齡模範生，任何活動都不錯過，積極參與。有一年俱樂部週年慶活動，大家還吃到亮晶晶阿嬤親自在家裡蒸好再帶來的油飯，看著兩位行動不便的長輩滿滿的熱情，覺得特別感動，油飯也更好吃了。

自從亮晶晶阿嬤生病後，家中買菜進廚房等工作都由奇異果阿公承接起來。我很佩服阿公，他走路不方便，竟然還能騎腳踏車去買菜，重新學煮飯，給親愛的老婆吃，愛的力量真大。無奈好景不常，Covid-19來襲，亮晶晶阿嬤染疫離世了，我們都沒機會送她，只能透過LINE聯絡奇異果阿公。為了鼓勵他快振作起來，我請他開群組通話，唱歌給大家聽，大家一樣給他拍拍手。他好棒！他真的做到了。

終於撐過疫情，大家陸續回到據點上課，唯獨沒見到奇異果阿公，原來自從亮晶晶阿嬤離世之後，家人擔心他一個人會走失或跌倒，加上子女都要上班，沒人陪阿公，就不讓阿公自己出門。他成天只能一個人在家裡度過，活動的空間就只有客廳到房間。奇異果阿公打電話給我，說他小腿好緊繃，很不舒服，看醫生也沒用，他好想出去走走，每天都待在家裡好難受，像是被關起來一樣。他用健走杖一樣能行走，但是子女就是不准他出門，他好無奈，當下我真的好想去一趟南港，帶奇異果阿公到家附近走走。

沒時間陪家中長輩？讓「長照2.0」來幫您

我很想問，難道把長輩關在家，長輩就不會跌倒嗎？像奇異果阿公這樣，沒人做伴又不能出門的日子，要怎麼熬下去？如果沒家人陪伴就不能出門，一天走不到兩千步，肌少症與衰弱絕對是可預測的。其實晚輩工作忙碌，白天無法陪伴照顧，可以透過政府的「長照2.0」政策尋求幫忙照顧呀！

根據行政院官網介紹，為因應未來龐大的長照需求，並減輕家庭照顧沉重的負擔，政府自二〇一七年起推動「長期照顧十年計畫2.0」（簡稱「長照2.0」），除了增加長照預算，積極布建居家式、社區式及住宿式服務外，並同步推動長照給付、支付新制，以及社區整體照顧服務體系（長照ABC），致力保障照顧服務員薪資待遇以充實長照人力、提升失智症服務涵蓋率，並持續推動預防及延緩失能照顧、強化失智症照顧量能及整合居家醫療等服務，廣泛照顧不同長照需求的民眾。

Tips

長照2.0服務對象

- 失能身心障礙者：領有身心障礙證明（或手冊）的失能者。
- 55歲以上失能原住民、65歲以上失能老人：日常生活如穿脫衣褲鞋襪、吃飯、洗澡、平地走動需協助者。
- 50歲以上失智症患者：如果為50歲以上，有疑似失智症狀，如：表達能力降低、記憶力下降、睡眠障礙、產生視幻覺等，或經由醫師確診的失智症患者。
- 65歲以上的衰弱老人，生活或健康狀況需協助。

除了在第一章的《提早開始退休規劃》中已介紹過的社區整體照顧服務體系（長照ABC）外，「長照2.0」也擴大了服務對象與項目。但最重要的還是要讓家屬、長輩找得到、容易找，於是衛福部於全國二十二個縣市，成立「長期照顧管理中心」及其分站，提供單一窗口，受理申請、需求評估，並協助家屬擬訂照顧計畫等業務。而最簡單、快速的聯絡方式，就是撥打「1966長照服務專線」，由各縣市聯絡窗口受理需求後，長期照顧管理中心將派「長照個案管理師」到家進行評估，依需求提供量身定做長照服務。

Tips

衛福部「1966長照服務專線」

服務時間：週一至週五08:30~12:00 / 13:30~17:30。

撥打方式：手機或市話都可直撥「1966」，前5分鐘免付費。

我誠心建議，大家一定要好好利用「1966長照服務專線」，像奇異果阿公生活自理都沒問題，只是走路比較不方便，出門需要人陪的狀況，只要撥打長照專線1966，長照個案管理師（個管師）就會安排時間到家中訪問，確認長輩的失能等級，協助將「長照四包錢」分配好，不出半個月，就能獲得立即的幫助。例如：照服員、專業醫療人員居家服務，修繕單位、輔具補助申請、長照車安排、社區長照資源提供等服務。根據我曾經幫忙長輩處理的經驗，最快當天就能馬上取得聯繫，一週以內就能獲得幫助，真的非常快速。

至於需要符合哪些標準才能獲得相關服務？一般來說，長期照顧超過六個月，或者預期可能會需要照顧，都可以撥打1966詢問。譬如說長輩目前住院，預期出院後會需要被照顧，就可以在準備出院前打電話給長照專線做評估，並與醫院的出院準備作連結。除了我自己曾經幫公公安排過，我的廣播節目聽友王小姐，也是父親還在醫院時，就接受我的建議打了長照專線；父親回到家之後，馬上就有人來接手照顧，甚至安排家中的無障礙空間裝設，一切安排妥當後，王小姐很就銷假回去上班了。所以，申請長照的時機很重要，預估需要長照需求就儘快先打電話申請。

只要符合資格，就可以申請長照服務，而且陪伴長輩出遊，也是長照服務中可以申請的項目。為了防止濫用，也設有相關審核機制。另外提醒，照服員來家裡照顧被照顧對象，可能會幫忙洗澡、洗衣服、做飯，但是如果有同住家人，不能將家裡所有衣服都交給照服員，做飯也不是為全家人，資源還是要留給最需要的人。

減輕失能長輩照顧負擔的「長照四包錢」

中華民國家庭照顧者關懷總會將衛福部在「長照2.0」中所推出的四項新制補助，簡化包裝成容易記住的「長照四包錢」，包含「照顧及專業服務」、「交通接送服務」、「輔具服務及居家無障礙環境改善服務」、「喘息服務」等四大項失能給付服務。

一、照顧服務及專業服務

依失能程度二至八級，每月約可補助一萬元至三萬六千元（自負額最高16％），等於只需要花一千六百元至六千元間，就可使用居家服務、日間照顧等「照顧服務」，或居家復健、居家營養等「專業服務」項目。

照服員到家裡幫忙服務洗澡、陪伴、煮飯等，或者送到日照中心，類似孩子白天到學校上學，晚上接回家的概念。也有家庭托顧，就是把長輩送到托雇員家中，類似保母的概念。另外在專業服務部分，可以申請專業醫事人員到家中，訓練長輩自理能力，或者是訓練照顧者的照顧技巧，例如：職能治療師、營養師、物理治療師，甚至是心理諮商師等。通常專業服務是為了讓長輩可以學習自主生活，透過短時間密集地提供長輩、照顧者專業的指導服務，訓練主要照顧者的照顧技巧，或是長輩獨立自主生活為目的。專業服務一個訓練項目每週最多一次，總數不超過十二次，而且會在六個月內完成訓練。

二、交通接送服務

失能第四級以上者，依交通遠近，每月補助一千六百八十元至二千四百元不等（自負額最高30％）。交通接送服務提供長輩往返長照機構、醫療院所，讓長輩可以輕鬆就醫、復健、治療。就是我們常在街頭巷尾看到的長照專車，通常可以方便長輩的輪椅上下車，針對就醫相關需求接送。不過，若要前往日照中心或者失智據點上課，一般不鼓勵占用資源，但可以請照服員陪伴長輩搭乘大眾交通工具，同樣也能達到接送目的，更能讓長輩接觸人群。

三、輔具服務及居家無障礙環境改善服務

每三年補助最高四萬元（自負額最高30％）。無論是租借、購買輔具，像是：助行器、拐杖、輪椅、移位腰帶、居家用照顧床，都可以使用這項長照服務。只要長輩符合長照資格，經照顧管理員評估有輔具需求，完成輔具評估報告書後，就可以到藥局、醫材單位等相關機構去租賃、購買輔具。

另外，如果是長照特約機構，還有代償墊付機制。也就是說，在租賃、購買的當下，只需要支付「部分負擔金額」，補助金是由特約單位去向政府請款。如果想要改善家中的無障礙設施，如：可動式扶手、固定式斜坡道、防滑措施，也可以申請這項服務。

但是也要確認一下評定下來的金額夠不夠支付。還有特別提醒，改善無障礙設施目前只針對「自有家」才能申請，如果住家目前為租屋就沒有辦法申請。若補助金額不夠，可以到每個縣市設置的輔具資源中心去找二手輔具，不但同樣相當好用，有時候可能還會有電動床等設備可以借用。如果想要把已不需要的輔具捐贈至

輔具資源中心，經專員評估後通常都能被接受。所以輔具不一定要全部買新的，因為可能會隨著被照顧者的身體狀況需要替換，善用這些資源會更經濟實用。

四、喘息服務

每年每人最高補助四萬八千五百一十元（自負額最高16%），可使用於居家喘息、機構喘息、日間照顧中心喘息、小規模多機能（夜間臨托）、巷弄長照站臨托等五項喘息服務。

喘息服務基本上就是希望提供主要照顧者有喘息空間，由機構、照護員提供短期照顧，讓家中照顧者可以休息。而每一種喘息服務都有不同的計費方式。以上內容都是概述，每個家庭、每位被照顧者，都有各自不同的需求，與不同的家庭情況，有需要的人可以致電1966詢問詳情。

我發現許多晚輩對於申請長照的態度不是很積極，也許是對政策不理解，或是沒空研究有哪些資源可申請。但當長輩超過65歲，身體開始衰弱，或有憂鬱傾向出現，就可以試著找尋住家附近的巷弄服務站，鼓勵長輩多出門去上課，就能延緩老化，不一定要等到不能自理才申請長照服務。

我想要提醒大家，長期照顧對任何人來說都是很大的壓力，照顧者與被照顧者都要學會找資源。因為擔心長輩外出發生意外，就不讓長輩出門，這真的是下下之策，因為政府有很多長照資源，只要打通電話就能申請，就算不住在同一個縣市，也能幫忙申請。擔心長輩沒人陪，可以找離家近的日照中心等等，甚至不需要您親自接送，長照車或照服員都可以幫忙接送或照顧。

在我們失智社區服務據點就有一位獨居長輩，由照服員接送到據點上課。為人子女，真的不能一句「擔心長輩跌倒」，就不讓長輩出門，這真的太荒謬了。孤單需要人陪伴，也是基本人權，積極為長輩安排生活，是我們子女應該做的。若長輩不懂得怎麼申請，且我們不能隨時在長輩身邊照顧陪伴，只要打1966，就能讓照顧者輕鬆一點，更讓長輩有多一點的照顧。

2-2

莫等身體亮紅燈
定期健檢眞的很重要

Story

中風後領悟健檢重要性的第一敖

第一敖曾經是一位辛苦的計程車駕駛，有一次車子正行經台北市辛亥隧道時，忽然他左手無法使力，頭部感到暈眩，第一時間他用無線電，請同車隊的同事來幫忙載他到醫院急診。他中風了，幸好有把握黃金三小時，進醫院沒多久就出院了。醫師交代他要按時服用高血壓藥，但他是個不乖的病人，不知道從哪聽說吃高血壓藥要長期吃，還會需要洗腎，就把醫生的話當成耳邊風，一樣握著他的方向盤，開心的開著計程車過日子，沒再量血壓，也不吃藥，覺得自己沒有任何不對勁。

結果沒過幾年，相同的狀況又再來一次，被送到醫院急診，但出院後還是不願意好好吃藥，然後很快迎來了第三次中風，但這次沒那麼幸運了，手腳幾乎癱瘓，不聽使喚。終於學乖的第一款，後來成為醫生口中的好病人，因為他現在完全做到七二二（每週七天，每天量兩次血壓，每次量測都重複兩次），戒掉菸酒，努力復健，準時回診。他說一定要把自己中風的過程跟大家分享，希望不要再有人跟他一樣僥倖又鐵齒。

我們一直保持聯繫。我每天都鼓勵老寶貝們盡量走出來，多跟大家互動。有一天第一款來電，他很想來三重跟我們一起團練愛笑瑜伽，來看看我們。大概經過兩個月吧！他奇蹟似地來了。在笑友的陪伴下，他慢慢撐著拐杖走過來。我愣了一下，才確認他是第一款，真不敢相信他真的來了，我衝過去用力地擁抱他。當我大喊著第一款時，他的眼淚應聲而下，嚎啕大哭，現場許多笑友也流下感動的淚水。

第一款終於完成了自己的心願，從汐止一個人騎機車來到了這裡——他期待已久的地方。對一個走路都需要拄拐杖的人，我無法想像這一路有多難，但也許只有這樣，他才能重溫過去自由自在開著計程車的感覺，我想，他充滿勇氣的眼淚，也代表著自己對自己的承諾。

善用免費定期健檢，疾病早發現，早治療

對一個腦中風的病人來說，能不能走出來是體能的問題，但願意不願意走出來是態度的問題。在國內，腦中風每年平均奪走一萬多條人命，加上還會造成失能的後遺症，是我國成人殘障的主因之一。後續頻繁的就醫也造成照顧者及家庭經濟沉重的負擔，嚴重影響生活品質。其實透過及早預防，養成定期抽血檢查、量血壓的好習慣，就可有機會避免腦中風的發生。

為維護中老年人的健康，早期發現慢性病、早期介入及治療，衛福部國民健康署提供40到64歲民眾每三年一次，55歲以上原住民、罹患小兒麻痺且年在35歲以上者、65歲以上民眾，每年一次的免費成人預防保健服務「健康加值」方案，每案補助五百二十元（若符合B、C肝篩檢資格者，另補助兩百元／案），涵蓋身體檢查、血液生化檢查、腎功能檢查及健康諮詢等項目。

若要透過成人預防保健服務「健康加值」方案安排健康檢查，不需要去大醫院，可以到社區附近的診所找家庭醫師，通常都能進行。一般診所也都會貼出公

告，符合資格者只要帶健保卡到特約醫療院所，就可以接受抽血檢查，通常兩週到一個月內就能拿到健檢的報告。

Tips

成人預防保健服務「健康加值」方案詳細內容：

1. 基本資料：問卷（疾病史、家族史、服藥史、健康行為、憂鬱檢測等）。
2. 身體檢查：一般理學檢查、身高、體重、血壓、身體質量指數（BMI）、腰圍。
3. 實驗室檢查：
（1）尿液檢查：蛋白質。
（2）腎絲球過濾率（eGFR）計算。
（3）血液生化檢查：GOT、GPT、肌酸酐、血糖、血脂（總膽固醇、三酸甘油酯、高密度脂蛋白膽固醇、低密度脂蛋白膽固醇計算）。
（4）B型肝炎表面抗原（HBsAg）及C型肝炎抗體（anti-HCV）：45-79歲（原住民40-79歲），可搭配成人預防保健服務終身接受一次檢查。

4. 健康諮詢：戒菸、節酒、戒檳榔、規律運動、維持正常體重、健康飲食、事故傷害預防、口腔保健。

B、C型肝炎篩檢

45-79歲民眾（終身一次）。

40-79歲原住民（終身一次）。

其他免費健檢也包含以下項目：

❶**子宮頸癌篩檢：**30歲以上女性，每年一次子宮頸抹片檢查。

❷**乳癌篩檢：**45-69歲婦女、40-44歲二等血親內曾罹患乳癌之婦女，每二年一次乳房X光攝影檢查。

❸**大腸癌篩檢：**50至未滿75歲民眾，每二年一次糞便潛血檢查。

❹**口腔黏膜檢查：**30歲以上有嚼檳榔（含已戒檳榔）或吸菸者、18歲以上有嚼檳榔（含已戒檳榔）原住民，每二年一次。

以上檢查您都做過了嗎？我自己的經驗是：接到通知，走一趟衛生所，健保卡拿出去，所有符合資格的檢查，護理人員會全部一次幫我們安排好。我只花一個小時，除了糞便潛血（因未滿50歲）與口腔黏膜檢查（我沒抽菸嚼檳榔習慣）沒做之外，以上檢查全部一次搞定，兩週內就收到全部檢查報告。整個過程，讓我非常滿意，也覺得自己平常保養不錯，就沒有必要另外花大錢去大醫院做豪華版的健康檢查。既然政府有提供資源，我們就該好好使用，做好預防保健。

六力檢測，找出長輩致病風險

衛福部曾於二〇一七年進行調查，發現65歲以上長者有17.5%有衰退風險。當長輩身體出現失能情況時，死亡率也會比未失能者來的更高，過去的健康檢查，主要以發現疾病為目標，缺乏系統完整評估，現在國民健康署推出「長者六力檢測」，希望能早期發現衰退，及早介入運動、營養、社交互動等處置，預防延緩失能。二〇二二年底，國內65歲以上人口超過四百零八萬，若按照上述的衰退風險比例來算，約有七十一萬長輩正在面臨衰退失能的關口上。因此，不能只是發現疾病，應該更積極預防疾病，這個觀念非常需要翻轉與推動。

長者六力檢測是參考世界衛生組織（WHO）長者整合式照護指引（Integrated Care for Older People，ICOPE）策略，推動長者功能評估工作，幫助長者及早發現可能導致失能的風險因子，及早介入運動與營養等處置，以預防及延緩失能的發生。針對長者六大能力——「認知、行動、營養、視力、聽力及憂鬱（情緒）」，建立評估模式，整合為一套「長者能力評估」。國健署也呼籲，若長輩高齡75歲以上，以及患有多重慢性疾病，都是功能衰退的高風險族群，鼓勵長者可至專業功能評估單位，接受深入評估與照護。

二〇二二年在醫療院所接受六力檢測評估服務的長者約十九萬二千名，其中以視力（約占17.4%）與聽力（約佔8.7%）異常率較高，均已轉介至社區據點，接受運動與營養課程。一般民眾其實不必特地去醫院掛號，也能輕易幫自己或長輩進行六力檢測。只要用手機透過LINE ID搜尋「@hpaicope」，找到「國健署長者量六力」LINE官方帳號，加入好友並註冊後，就可進行自我檢測，或由家人協助檢測。其他功能還包括瀏覽六大能力健康資訊，也可以搜尋居家附近據點，主動參與社區活動。

Tips

「國健署長者量六力」LINE官方帳號

https://lin.ee/mYuv4LE

衛福部六力檢測衛教資訊

加入長者量六力，讓健康不退流行：

https://health99.hpa.gov.tw/material/7518

長者量六力LINE@操作教學：

https://health99.hpa.gov.tw/material/7519

六大能力的健康資訊：

https://health99.hpa.gov.tw/theme/content/1163

LINE官方帳號

加入長者量六力

長者量六力LINE操作教學

六大能力的健康資訊

我們在社區照顧關懷據點做過好幾次的宣導與實際檢測，發現長輩平常對於聽力退化部分比較容易輕忽，連我阿娘與好幾位志工都有聽力衰退的問題；而視力衰退也有不少，且年紀較長者在行動力衰退方面，測驗結果比較不理想。若雙手抱胸從椅子站起來再坐下，連續五次，不能在十二秒鐘以內完成，表示下肢力量不佳，有跌倒風險。

我也幫阿娘與婆婆註冊帳號，並從旁協助填寫六力檢測相關資料與問卷，非常簡單易懂，也能選用國語或台語播報語音。而且帳號與資料可以累積紀錄、重複檢測，鼓勵長輩每半年至一年就自己檢測一下，檢測後，若有功能不佳的項目，系統會直接列出離住家較近的聽力檢測所、牙科診所、眼科診所，甚至關懷據點等資訊，非常便利，讓長輩儘快做進一步檢查，積極面對身體退化，鼓勵就醫，提早預防，不必跑去大醫院也能做檢測。

不過，這個透過線上進行的自我檢測，都是屬於比較粗淺簡略的形式，就算有不通過的地方，也不必太緊張，有疑問都還是要與醫師諮詢。過去我們的健康檢查，如抽血、驗尿等，比較傾向發現疾病，而六力檢測是很實質的生活能力檢測，我覺得重要性不亞於健康檢查。

關於健康促進，我自己參加過許多課程，包含：長者體適能指導訓練、健康促進管理課程、慢性病自我管理課程、預防延緩課程講師培訓，我歸納出幾個重點，三動——「運動、腦動、人際互動」，三養——「保養、營養、有修養」，提醒長輩平時保持身動、心靜、靈安，維持好的生活型態，保持愉快身心。

超高齡的時代已經到了，照顧好自己並善用資源，長照也應該超前布署。唐代名醫孫思邈將疾病分為「未病」、「欲病」、「已病」三個層次，並於《千金要方論診候第四》提到：「古人善為醫者，上醫醫未病之病，中醫醫欲病之病，下醫醫已病之病，若不加心用意，於事混淆，即病者難以救矣。」意思是指最好的醫療，要在人們身體健康之時，儘早提供疾病預防，並注重養生，保持健康。預防延緩老化，提升健康意識，應該全民一起來。

2-3

口腔衛生很基本也很重要

勿輕忽牙齒健康

Story

「笑掉大牙」的「開心爸爸」

「來，雙手舉高，嘴角上揚，大聲笑出來，要露出八顆牙喔！」在公園裡帶愛笑瑜伽團練，總常常看到有些長輩不好意思張口大笑，除了有損美觀的害羞外，最棘手的就是缺牙與口臭問題，尤其長期有抽菸、喝酒習慣的男性，口腔問題大多會讓他們失去自信。有些長輩甚至即使在Covid-19疫情結束後，仍堅持戴著口罩，表面上是害怕染疫或被傳染流感，但其實很多是想遮掩牙口不全的面貌。

協會在三重經營的第一個據點開幕前，我們曾對外發布了一次新聞稿，宣傳照片就是一張我與「開心爸爸」開懷大笑的畫面。他雖滿頭白髮，但笑容自在大方，剛好被鏡頭捕捉到張嘴大笑時，上排牙齒缺了兩顆。他幽默地說：「這叫『笑掉大牙』，拿來給協會當宣傳照很適合，因為我們是愛笑瑜伽。」

當時他已看過牙醫師，正準備植牙，是一筆不小的費用。他打趣說：「到時候我的嘴裡可是有一台賓士呢！」後來歷經長達一年半的植牙療程後，終於補齊那兩顆門牙。開心爸爸：「醫師評估我的牙床還可以，才能植牙，不然做活動式假牙就更痛苦了，不但吃東西遠不如真牙自然舒適，每天晚上還得取出整排牙齒仔細清潔，如果沒戴假牙出門也不美觀。」看來開心爸爸非常有觀念，願意持續治療牙齒且重視儀容。

口腔健康是看守老年健康的第一關

口腔健康與全身健康息息相關，世界牙醫聯盟（World Dental Federation, FDI）將每年的3月20日訂定為「世界口腔健康日」（World Oral Health Day），藉此疾呼全球應盡早正視口腔健康問題，並建立起良好的口腔衛生管理、護理習慣，進而提高口腔健康識能，降低直接與間接引發其他疾病的風險。但根據衛福部國民健康署委託社團法人中華民國家庭牙醫學會於二〇一九到二〇二〇所進行的調查顯示，我國6歲學童的蛀牙比率已經高達88.3%；高雄醫學大學也曾針對高齡人口的牙齒狀態做過調查，發現80歲以上的老人幾乎無牙；更驚人的是，國民健康署發現，年滿18歲的國人罹患輕重程度不一的牙周病比例（含牙齦炎、牙周炎）竟高達99.1%，高居全亞洲區之冠。我自己長期觀察，銀髮族最主要的口腔疾病，不外乎也是蛀牙及牙周病。如果牙齒問題沒有及早處理，會造成口臭、缺牙、牙床萎縮等，日後更會影響咀嚼進食及美觀。

許多牙醫師都曾呼籲：牙齒是人類健康的第二張臉。只因它涉及的不僅僅是單純的美觀，更重要的是，它直接關聯到人體的健康和生活品質。時任中央研究院歷史語言研究所王道還助理研究員曾指出：科學家建立了一個資料庫，凡是人口腔內找得到的細菌，都登錄在其中，現在已超過二萬五千種，而一個人的口腔內大約有一萬種以上不同的細菌，「病從口入」這句話除了指病菌從口入侵，也可用來敘述牙齒不健康對於人體造成的風險與危害。

以長壽著稱的日本，相當重視國人的口齒健康，尤其是年長者，厚生勞動省曾早在一九八九年發起「8020護齒運動」，就是希望日本國民，即便80歲的高齡也依然能擁有20顆自然牙齒。而台灣衛福部口腔健康司在二〇二四年公告二〇二一到二〇二三年度「我國成人及老年人口腔健康調查計畫全程成果報告調查」，80歲的受檢者口中剩餘的自然牙平均為12.88顆；65–74歲的長者為21.27±8.49顆，75歲以上長者的自然牙齒數為15.84±10.40顆，相較於「8020護齒運動」早於一九八九年訂定的目標，仍有相當程度的成長空間。

中華民國家庭牙醫學會副理事長黃耀慧醫師曾於二〇二二年的世界口腔健康日強調，口腔健康與全身健康息息相關，像是有嚴重牙周病的糖尿病患者的心腎死亡風險高出三倍；重度齲齒患者罹患冠狀動脈心臟病較普通人高1.13倍；牙周疾病者罹患失智症較普通人高出1.17倍、失智症者罹患牙周疾病則高於一般人1.69倍，這些疾病也都好發於65歲以上的高齡長者，顯見口腔健康絕對是守護銀髮族健康不可遺漏的重要環節。

因為對於口齒健康相當重視，我曾力邀長年在各地宣導口腔衛生的健康促進管理師游惠珍多次來到據點，教導長輩正確的口腔清潔觀念。除了持續強調自體牙齒健康對人體的重要，她更特別對長輩們呼籲：不管還剩下幾顆牙，甚至只剩下牙齦，都要儘量咀嚼，因為多咀嚼能有效延緩腦部、咀嚼肌、顏面神經的退化，也能維持對食物的興趣。我非常希望我們據點的長輩們，即使年事越來越高，都還是能用自己的牙齒品嚐食物的美味，並且維持營養均衡，顧好自己的身體。

對於我們自己而言，隨年紀增長，易因牙齦萎縮導致牙縫變大，進食容易卡牙，最好三餐飯後都能刷牙，或至少以清水漱口，且每天至少在睡前使用一次牙線徹底清潔牙縫。另外，多加善用全民健保的給付，每半年到牙科報到一次，做定期檢查和洗牙，把附著在牙齒上的牙結石都刮除，預防牙周病。如果已經出現牙齒搖晃或掉牙，更應到牙科做根本治療，如做假牙或植牙，飲食上避免太硬太黏的食物，以免使原本就脆弱的牙齒無法承重而斷裂或掉落。

小心牙齒問題吃掉你的存款，也吃掉你的健康

有些長輩面對缺牙問題，總是能拖延就拖延，不積極治療，主要是因為費用

高，即使政府早已有針對65歲以上老人祭出免費裝假牙的福利，但還是得耗費不少往返診所的時間，有些人則是對牙齒診療始終充滿恐懼感，拒絕至牙醫診所求診。

每個人掉牙的時機點都不同，根據衛福部的長期追蹤，超過60歲的成年人，由於生理機能退化與器官衰老，一旦肌肉開始萎縮，就容易導致牙齒掉落。另外，台安醫院婦產科周輝政醫師、中國醫藥大學附設醫院婦產部楊東川主治醫師曾共同撰文提到，一般人在35歲後骨質流失的速率會漸漸大於骨質生成速度，尤其是婦女停經後，更以每年2–3%的速度快速流失，若已被診斷出有骨質疏鬆症，最好在醫師建議下補充鈣片，千萬不要有年紀大了要補鈣質來不及的想法，因為不多加補充會越來越不足喔！呼籲大家，做好口腔保健，養「牙」也能存健康。

我的阿娘就有讓人很頭疼的口腔問題。幾年前的某天，我們意外發現，她去看的牙醫診所，竟是沒有招牌、也沒有牙醫師執照的齒模師傅住家。師傅沒幫她做任何相關檢查，就把她的所有壞牙一次拔除，也沒有先進行牙周病治療，便直接裝上固定式假牙。

為什麼她會選擇如同密醫的非法診所？阿娘說是朋友介紹的，以前她曾在這裡做過一兩顆假牙，感覺很好，沒什麼問題，所以這次花四萬元把整口牙齒都一起做好。儘管沒有發生細菌感染，但後來牙齦時常發炎，於是我們帶她到合法的牙醫診所，並搭配經處方開立的消炎止痛藥與抗生素，進行正確的治療。但她牙齒的咀嚼功能仍越來越差，醫生建議要進一步到大醫院去做牙周病治療，完成之後才能評估是否需重製假牙。

在阿娘治療牙周病的過程中，拆掉齒模師傅做的假牙後，發現她只剩下十三顆搖搖欲墜的真牙，但上下排能對上、咬合的只有兩顆，根本不能正常咀嚼，使她已經吃了半年的流質食物。而且她只要餓了就打果汁，吃粥、麵線，泡麥片、牛奶，一天進食非常多次，但需要咬的肉類與蔬菜吃得越來越少，營養嚴重失衡，但體重卻開始直線上升，人看起來胖了，體力卻變差了，走路稍微快一點就氣喘吁吁，使得原本菜園的農務也越做越少。

終於她完成牙周病治療，在評估植牙時，發現阿娘的骨質疏鬆比想像中嚴重很多，根本無法植牙，但她又不肯戴活動式假牙；因為她曾經跟其他長輩一起用餐，看到他們的活動假牙不但不好咀嚼，還在餐桌邊直接隨意戴上取下，她感覺非常不衛生也不美觀。最後母親選擇了「all on 4」，也就是全口假牙重建。雖然單筆費用偏高，但是相對一般植牙耗費時間減少許多，可以說是新型態的全口固定式假牙，但是得進行全身麻醉手術，術後也需要長達半年的齒槽骨養護過程，讓口腔肌肉復健與適應，對長輩的體力與生活來說都是大工程，一日三餐都需要慢慢調整才能把身體調養回來。

最後要提醒大家，雖然各縣市政府幾乎針對長輩都有假牙補助，但目前大多數是針對中低收入戶，甚至要年滿80歲才補助；只有少數縣市補助65歲以上長者，也不排富；並且每個縣市的補助金額、項目、流程都不一樣。民眾也要先墊款再去申請補助；部分地方政府則必須先申請假牙補助，才能開始製作假牙，甚至分為不同材質僅補助三到六顆假牙；或者同一顆牙五年內不得重複申請，非中低收入戶一般補助金額僅為一到兩萬元左右。單顆牙材一般市場行情，依不同材質一顆約為七千元至二萬五千元左右，但通常單顆缺牙也可能會需要牙橋或者植牙。植牙單顆就要六至八萬元，若採用單側局部假牙則兩萬元起跳，全口活動假牙的費用在三萬到十萬元之間，全口植體固定式假牙從四十萬到一百五十萬元不等。所以，牙齒的保健一定要越早做越好，因為缺越多越貴，而且曠日廢時，需要長期調整；再來就是保險幾乎都不理賠，除非是特別針對牙齒的專屬保單。

因為牙口不好而使飲食受限，攝取營養也會越來越不均衡，甚至影響到腸胃道健康，導致肌少症等問題也非常普遍。我們經常在社區照顧關懷據點，幫長輩做體適能檢測，發現長輩如果忽然體重減輕或是有嚴重的肌少症，志工第一時間都先詢問：「最近是不是胃口不好？」通常都會得到牙齒不好的結論。看到長輩因為牙口不好而導致營養不均衡、肌少症、吸收不良、外貌與社交困擾等問題，我覺得必須提醒大家，牙齒健康絕對是退休規劃中非常重要的一件事，不然牙齒問題真的會默默地將存款吃掉，還讓健康從口中流失。

2-4

避免身體被掏空

正視衰弱、肌少症與骨質疏鬆症

Story

為母親衰弱的身體而煩惱的銘哥

過年前的一個晚上，我的節目聽友「銘哥」突然傳來一連串訊息，原來他的母親因為肺炎住院三天，出院之後，卻完全沒體力下床，下床走兩步路就軟腳，而且母親衰弱地似乎要休克了，還因此在出院一週內又叫救護車送急診。但是在急診室裡打完營養針，身體檢查後卻沒有問題，又將母親送回家了。回到家後，母親還是沒體力下床，他完全不知道該怎麼做。

銘哥問我：「為什麼醫院不讓母親繼續住院？」也急著問：「是否要給母親吃些燉龜鹿二仙膠、補充膠原蛋白或葡萄糖胺？」但其實在他母親感染肺炎之前，體重就過輕，肌肉量不足，被診斷為肌少症。雖然只是住院三天，但是體力卻衰退到幾乎整日臥床。後來慢慢地透過均衡營養的補充，並細心照顧後，終於能下床了。

現在銘哥知道必須要改善平常母親的活動量小、吃的太隨便等問題，也非常擔心母親隨時會跌倒，已開始申請長照服務，希望有人到家中幫忙照料。不過我更建議他，應該送母親到日照中心，與人群接觸，增加活動量；甚至讓她跟著物理治療師多做運動，讓肌肉量慢慢增加，才能預防再次跌倒。

年老衰弱，使身體越來越差

沒有人想要躺在床上被別人照顧，但是該如何避免這樣的事件發生在自己或親人身上？導致臥床的原因很多，其中最直接的就是全身的肌肉與骨骼不能好好運作。

專攻運動生理學的國立台灣師範大學運動與休閒學院前院長方進隆常常提醒

大家，身體機能是「用進廢退」，越不用的地方就越衰弱。因此，若排除腦部運作問題，只要不斷努力鍛鍊，即便已步入中老年，還是能增進身體功能。

談到「衰弱」，台北榮民總醫院家庭醫學部契約主治醫師卓明潔曾表示，「衰弱」並非一種特定疾病，而是一種狀態，顯示生理機能儲備量的下降。人年紀大了，身體機能退化是很正常的現象，但若處於衰弱狀態，將很容易受到外來事物影響健康，導致失能、跌倒、骨折、住院、入住機構等不良健康結果的發生，進而限制許多長輩的老後生活。

衛福部國民健康署整理出六大危險訊號，提供民眾留意家中長輩是否有衰弱現象：一、胃口不好，體重減輕。二、走路變慢，容易跌倒。三、記憶力變差。四、疲倦無力，精神與心情變差。五、出門次數及活動量減少。六、生活自理能力變差，需他人協助。並提供了能簡易判斷出是否衰弱的衰弱評估（Study of Osteoporotic Fractures, SOF）量表，根據不同衰弱程度，給予轉介建議。

如果長輩出現衰弱的任何徵兆，建議要趕緊送醫，因為造成衰弱的原因時常是非單一的，無論內在因子（老化、生理、心理狀態、慢性病、營養不良、生活習慣、藥物使用等）及外在因子（社會、經濟、環境等）都可能造成長輩的衰弱，早點找出病因，就能盡快對症下藥，延緩衰弱的惡化。

另外，包含我自己，以及我們三個社區照顧關懷據點的站長、數名志工等，皆已接受培訓，並考取體適能專業認證。因此從體適能出發，也是我們檢測長輩是否有衰弱徵兆的常見方式。以下為我們在據點時常運用的幾個項目，來幫年滿65歲的長輩檢測身體衰弱的情況：

一、單腳站立，至少要能維持30秒測試平衡感。

二、原地抬膝踏步，每一次都要抬到大腿平舉，2分鐘不休息，左右腳算一下，

Tips

衰弱評估量表

指標		評分
體重減輕	1. 未刻意減重狀況下，過去一年體重減少了 3 公斤或 5% 以上？（先問個案體重和一年相較差不多還是減少？如果減少再問大約減少幾公斤？）	□是（1 分） □否（0 分）
下肢功能	2. 無法在不用手支撐的情況下，從椅子上站起來五次？	□是（1 分） □否（0 分）
精力降低	3. 過去一週內，是否覺得提不起勁來做事？ .（一個禮拜三天以上有這個感覺）	□是（1 分） □否（0 分）
	總分	

至少要75－80下，測試心肺功能。

三、單手握住小瓶礦泉水往上抬高到肩膀，保持30秒，至少要17次，測試上手臂的肌力。

四、從椅子站起來後，再坐下去，30秒內至少13下，測量下肢肌力。

五、坐在椅子上單腳伸直，雙手中指交疊觸摸腳尖，查看是否能觸及，來測量柔軟度。

六、單手從脖子往背部下伸長，另一手由腰部往上伸長，查看雙手是否能夠觸及。

以上這些都是簡單的體能自我測量方式，馬上做做看，就會知道自己或家人是否需要加強體能。而我們也發現，據點中被檢測出衰弱的長輩，大多也能在他們身上發現有肌少症、骨質疏鬆症等老年常見的病症。

其實，生病之後要做復健運動，真的比正常人運動困難太多了，過程更是非常痛苦且漫長，所以趁我們還能自主運動的時候，多保持體能是非常重要的。很多人以為年紀大，精神體力不好，走路氣喘吁吁，動作越來越慢，是正常的，但這些都可能是衰弱、失能前的徵兆，千萬不可輕忽。

Tips

衰弱評估詢問內容

一、說明評分與轉介：

1. 任一項「是」者為衰弱前期（Pre-Frailty），若第二及第三部分評估為否，則轉介預防長者衰弱前期健康促進服務計畫。
2. 任兩項以上「是」者為衰弱期（Frailty），請轉介至地方政府之長期照顧管理中心，進一步評估與安排至特約單位，接受衛福部長期照顧十年計畫2.0之「預防及延緩失能照護服務」。

二、衰弱評估（SOF法）第2題之注意事項：

1. 設施：約40公分高之直靠背椅子，並建議將椅子靠牆擺放。
2. 施測者指引：先詢問受試者對於進行此題是否有困難，若有困難者則該題由施測者直接選「是」。另，讓受測者靠著椅背坐下，並請受測者站起，施測期間站起算一次，並請數出聲音來。當受試者於第五次起立時結束測試。
3. 受測者指引：請盡您所能連續、不間斷的五次起立並站直、坐下，期間請保持兩手抱胸之姿式。

4. 施測過程應隨時注意受試者之狀況。
5. 建議五次起坐時間15秒內完成，如超過15秒未完成者，則該題為異常，請勾選「是」。

偷走老後健康人生的肌少症

隨著年紀增長，代謝與吸收變差，人體肌肉也會逐年流失。肌少症（Sarcopenia）是指因身體老化，肌肉量流失的速度大於增生而引發的症狀。一般而言，我們平均在40歲後的肌肉量流失速度為每十年減少8％；70歲後的肌肉量每十年流失15％，如果年輕時沒有養成均衡飲食以及定時運動的習慣，老年時肌肉流失速度可能還會高於平均值。對長輩而言，身體的肌肉量太少絕對會造成生活自理能力上的麻煩，像是炒菜鍋越換越小、煮開水只煮半壺、去買菜不敢裝滿菜籃，原因很簡單，就是拿不動了，更別說那些住在老舊無電梯公寓的長輩，還要爬上樓梯才能回到家。

關於肌少症的判定，過去僅有歐美國家所提出的評判版本，但面對身型較小的亞洲人，相關數據顯然不適用。直到二〇一九年，亞洲肌少症工作小組（Asian Working Group for Sarcopenia, AWGS）針對基層醫療或社區工作坊，提出適用於亞洲人種的「SARC-Calf肌力測試自評表」，簡易的肌少症篩檢方式，期望幫助亞洲國家更精確找到肌少症的潛在患者，並儘早加以治療、改善。

針對預防肌少症的飲食，台北市立聯合醫院中興院區營養科何宜蓁營養師建議長輩，每天要攝取足夠的蛋白質，也要補充維生素D及鈣質，尤其維生素D可幫助鈣質吸收以及減緩肌肉流失。富含維生素D的食物有菇類、木耳、蛋黃、深海魚類（鮭魚、鯖魚）。每天曬曬太陽，只要十到十五分鐘就能幫助身體吸收維生素D。

我遇過許多長輩，往往因牙口不好，或擔心膽固醇，蛋白質攝取不足的情況十分常見，甚至很多人以為長者對蛋白質的需求量，應該比年輕人少，但事實正好相反；一般年輕人每公斤體重需進食0.8克蛋白質，一般長者需要1–1.2克，病後恢復期則需要提升到1.5公克。補充蛋白質的食物以豆類與白肉為優先，魚類搭配紅肉；一份蛋白質7克來計算，傳統豆腐兩格、雞蛋一顆、肉類約為一個手掌大。若以體重60公斤來說，每天應吃60–90公克蛋白質，等於八塊手掌大的肉類，並搭配豆類與蛋類，平均分配在三餐。如果長輩經常一個人用餐，又隨便吃，蛋白質很容易就不足，需要晚輩多加留心照顧。

至於改善肌少症的運動訓練，聯新國際診所運動醫學科與復健科吳易澄醫師建議，包含阻力訓練、有氧運動以及伸展運動，都十分有效。這也是為什麼我大力向長輩們推廣愛笑瑜伽的原因之一。每當我們團練愛笑瑜伽時，看著長輩們在太陽下，紛紛高舉雙臂，放開懷用力大笑，如此簡易又能帶來健康的運動，再適合我們這群老寶貝不過了。

肌少症是造成老人退化與臥床很重要的因素之一，儘快找一個甚至兩個以上運動的方法，讓自己可以隨著體能與環境來調節運動模式，持續三個月以上，養成習慣，並且盡早開始。提醒您，如果您平時記得儲蓄，也請記得存自己的肌肉，尤其如果您已經有很多錢，請檢視一下身上有沒有很多肌肉，畢竟這與您後半輩子的健康息息相關。

Tips

SARC-Calf肌力測試自評表（亞洲版本）

肌力	拿起或搬動 5 公斤的重物有多困難？	沒有困難 = 0
		有點困難 = 1
		非常困難 / 無法完成 = 2
行走	走過一個房間有多困難？	沒有困難 = 0
		有點困難 = 1
		非常困難 / 無法完成 = 2
起身	從床上或椅子起身有多困難？	沒有困難 = 0
		有點困難 = 1
		非常困難 / 無法完成 = 2
登階	爬 10 階樓梯有多困難？	沒有困難 = 0
		有點困難 = 1
		非常困難 / 無法完成 = 2
跌倒	過去一年跌倒過幾次？	沒有困難 = 0
		有點困難 = 1
		非常困難 / 無法完成 = 2
小腿圍	男性 ≥ 34 公分 女性 ≥ 33 公分 = 0	
	男性 <34 公分 女性 < 33 公分 = 10	

當肌力測試的總分 ≥11 分表示有肌少症風險，需進行肌肉力量（握力：男 <28 公斤，女 <18 公斤）或體能表現（五次起立坐下：≥12 秒）評估，如果結果仍有肌少症可能，建議轉介至醫療診所進行詳細檢測，並且需透過營養及運動，對生活型態調整。

資料來源：Asian Working Group for Sarcopenia（AWGS）

無聲無息侵噬健康的骨質疏鬆症

骨質疏鬆症是一種無聲沉默的疾病，經常被發現的時候已經非常嚴重，而且不但不是老人的專利，女性朋友發生的情況也比男性常見。曾經有身邊的長輩只是因為沒注意到騎樓走道高低有落差，一個踉蹌，小腿就骨折了，更別提有長輩為了抱小孫子彎腰使力，腰椎就骨折了，甚至有女性業務員只是想把機車停好，使力不當的踢到車擋，也骨折了。這些原因聽起來都很離奇，但都真實發生了，為什麼大家都沒發現自己骨質疏鬆呢？很重要的原因是，骨質不是一天就突然流失的。雖然可能因病短期間內加快流失速度，但一般人對於骨質流失不會有特別感覺。

如果長輩因為關節退化，感到膝蓋疼痛而就醫，通常也不會針對骨質做檢測，只因骨質疏鬆屬於硬骨疾病，關節退化屬於軟骨疾病。骨質疏鬆經常會被當成老化現象，例如：駝背、變矮、背痛等現象，因為不會立刻影響行動，所以很多人不會特別注意，往往直到發生骨折之後，才發現自己有骨質疏鬆問題。

根據世界衛生組織的調查發現，骨質疏鬆症已是僅次於心血管疾病的全球第二大疾病。若骨折的位置發生在髖骨、脊椎骨，導致臥床兩年內致死率，不亞於乳癌與中風。於是「保密防跌」：保持骨質密度、預防跌倒，都是照顧長輩，避免失能非常重要的項目。而包括停經後女性、長期服用類固醇、身體質量（BMI）低於19、母系家族有髖骨骨折病史，身高兩年以內變矮五公分、嚴重駝背，都是骨質疏鬆症高危險群。

一般來說，只要身高開始變矮超過三公分，就可能有骨質疏鬆情況，但骨質疏鬆需要到醫院做骨密度檢測，才能清楚知道嚴重程度。中國醫藥大學附設醫院骨科部蔡俊灝醫師表示，骨質密度檢查的雙能X射線吸收測定法，可以測定髖關節及脊椎的骨質密度，跟一般X光檢查有點類似，受測者不會感到疼痛。若測值T評分（T-Score）為0，代表骨密度等於健康年輕人T評分低於0以下，數值越大代表骨密度越差，一般應維持在+1與-1之間，若-1至-2.5表示骨密度低，但尚未到骨質疏鬆症程度，低於-2.5或更低，表示患有骨質疏鬆症。

骨密度檢測通常需要自費，除非有包含內分泌失調病症（接受副甲狀腺機能過高治療、腎上腺皮質過高者、腦下垂機能不全影響鈣代謝、甲狀腺機能亢進、醫源性庫欣氏症候群者等），以及50歲以上婦女、接受骨質疏鬆症追蹤治療的停經後婦女，已經發生過非創傷性骨折者、接受男性賀爾蒙阻斷治療的攝護腺癌病患，才能享有免費骨密度檢測；簡單來說，就是已經跌倒發生骨折過的人，才能享有健保給付的骨密度檢測，這點經常為人詬病。

骨質流失是經年累月造成的，補充骨密度也是大工程，若長輩已經是嚴重的骨質疏鬆症T值在-2.5以下，而且曾跌倒、骨折，醫生通常會建議用藥治療。骨質疏鬆用藥分為增加骨質生成與抑制骨質流失兩類型，各有不同優缺點。但治療過程中需要非常注意，有做假齒或者植牙的患者，一定要告知牙科醫生與骨科醫生，因為治療骨質疏鬆用藥，可能造成顎骨壞死，才不會影響醫療品質與效果。如果長輩是骨質疏鬆高危險群，年紀大又有衰弱、肌少症狀，跌倒風險高，骨密度T值在-2.5以下，建議可以提前自費就醫，不要等跌倒骨折，才開始做骨鬆治療，畢竟跌倒一次的風險太大，年輕人傷筋動骨一百天康復，老人跌倒可能就直接臥床了。

鈣是建構骨骼及牙齒的重要成分，更與心跳、肌肉收縮、神經傳導、身體代謝等密不可分。成人每日應該攝取一千毫克鈣質，停經後女性與長輩應該提升到一千五百毫克以上。缺鈣容易引起抽筋、心悸、失眠等問題，牽一髮動全身。補充鈣質最基本的就是每日兩杯奶，豆漿、豆干、豆腐等豆類製品、優格、乳酪、起司也都含有許多鈣質，深綠色蔬菜的鈣含量也不低，其他像是木耳、黑芝麻、海苔、杏仁、小魚乾、蝦米，對補鈣也有不少幫助。與肌少症相同，也需要靠補充維他命D來增強鈣質吸收，除了多補充含維生素D的食物，也要搭配運動與曬太陽才能被身體吸收。

改善骨質疏鬆的運動項目，像是增加負重的運動，對於增加骨密度的效率會比較明顯，如爬山、爬樓梯、跳繩、跑步、重量訓練等。但對已經衰弱的長輩來說，執行上會比較困難，可以從健走、快走、彈力帶、彈力繩、或者踏步，慢慢增加運動強度。另外，游泳雖然是非常好的有氧運動，但是對於骨密度的增加效率比較差。

就我在社區照顧關懷據點的觀察，骨質疏鬆症與肌少症同時出現的比率也非常高，只因行動力需要骨頭與肌肉相互配合才能運作，若平日活動量太小，絕對是生活型態中非常需要改變的重點。總而言之，營養均衡的飲食、固定的運動習慣、良好的生活作息，都是能有效預防、延緩、改善衰弱、肌少症、骨質疏鬆症的不變恆理，要幫身邊的長輩多留意。

2-5

甜蜜的負擔

糖尿病的預防與共存

Story

與糖尿病相伴的剪刀手阿嬤

有一次我在廣播節目中分享，如何在家就能自己做出比外面買的更入味好吃的滷豆乾，而且我這個主持人也在錄音現場吃的津津有味。忽然有聽友Call-in進來，有點生氣又有難過地抱怨：「你們不要再說了好嗎？我都吃不到！」她是一位糖尿病患，眼睛失明，雙腳截肢，每天只能在床上聽收音機過日子的老寶貝，別說到廚房做菜，就連下床上廁所，對她來說都是奢求。她的來電對我衝擊很大，原來我正用自己的快樂在傷害著她。

當下我決定要親手做滷豆乾送給她吃。對於我突然來訪，她熱淚盈眶，抱著我哭了好一會兒，用雙手不斷溫柔地撫摸我的臉，想像我的長相；讓我有一種彷彿是她女兒的錯覺。我用叉子餵她吃滷豆乾，一口又一口，邊聽她娓娓道來她的故事：她年輕守寡，一個人扶養孩子，不斷打拼買了一棟透天厝。年輕的她堅強又果敢，而現在的她，卻因為糖尿病臥床，好像只能等死。而且因出門得麻煩兒子背，也不出門理髮，隨手拿起床頭的剪刀，自己隨便亂剪，覺得自己人不像人鬼不像鬼，好想死了算了，但她不能死，因為她女兒為了照顧她，至今未嫁。

「剪刀手阿嬤」是我們給她取的外號，她很喜歡。今年76歲的她，雖然被糖尿病折磨到不想活太久，但是她很堅強，也不埋怨，至少子女對她很孝順。自從與我們一起學習愛笑瑜伽之後，她理解，雖然快樂不能強求，但只要每天嘻嘻哈哈，保持感恩心過一天，就能過得很快活。

距離我們上次去看她，已有一年，現在她每天最期待的，就是從收音機聽我在廣播節目中，傳來「Ho Ho Ha Ha Ha」的大笑聲，透過無線電波跟我們在空中一起唸順口溜，唱有趣的改編歌。那天她坐在床上，雙手舉高，大聲喊著：「非常好，非常好，耶！」那開心的樣子永遠烙印在我心中。雖然她已沒有雙腳，也沒有眼神，但她不知道自己當下有多美。現在她常常打電話Call-in到節目哈哈大笑，聽到她的笑聲，希望她不論活多久，都能保持這樣的笑聲。

面對糖尿病要謹慎，但也不必絕望

糖尿病如同高血壓，是國人再熟悉不過的慢性病了。根據國民健康署於二〇二三年統計，目前全國約有二百多萬名糖尿病的病友，且每年以二萬五千名的速度持續增加中，每年近萬人因糖尿病死亡，位居國人十大死因之一，糖尿病及其所引發的併發症嚴重影響國人健康，也讓醫療負擔相當龐大。

糖尿病可分為第1型糖尿病（胰島細胞遭破壞，造成胰島素缺乏）、第2型糖尿病（胰島素阻抗，及合併相對胰島素缺乏）、其他型糖尿病、妊娠型糖尿病等。在台灣大部分是2型糖尿病，與生活型態與飲食習慣有極大相關性。糖尿病除了致死率高，導致殘障的機率也很高。患者發病後十年，發生血管與神經病變的人數高達30%–40%，其中包括眼部疾病與足部潰爛，都可能會導致失明或截肢等致殘狀況。此外，也可能會引發腦血管疾病，進而導致中風無法正常行動。

另外，比例高居世界第一的台灣洗腎人口當中，有25–45%也是因為糖尿病控制不佳，最後導致終身洗腎。林口長庚醫院的營養治療科主任林嘉鴻醫師指出，常見的第2型糖尿病，包括體重減輕、容易產生口渴與飢餓感、時常疲勞等等都是其徵兆，但有些症狀容易被忽略，如視力模糊、頭暈、皮膚發癢等。身上或頸部若有不明黑色素沉澱，也有可能是胰島素出現不正常的警訊，應及早檢測。

Tips

糖尿病的發展分為三個時期：

前期：症狀不明顯，但有「三多」：喝多、吃多、尿多。空腹血糖介於100-125 mg / dl、飯後2小時140-199mg / dl，屬前期糖尿病。

中期：空腹血糖≧126mg / dl、飯後2小時≧200mg / dl。疲倦、乏力、體重下降、易出現視力減退、肢端麻木等併發症。

晚期：酮酸中毒和其它合併感染。

有些對糖尿病不夠理解的人，若不幸被確診為糖尿病前期，容易感到絕望。但其實經過許多專家證實，只要能改善不良的生活型態與飲食習慣，糖尿病前期是可以逆轉的。國民健康署署長吳昭軍曾表示，做好體重和腰圍控制，定期檢查血糖值是否超標，就可以有效降低五成以上糖尿病發生風險。身邊也的確有朋友在糖尿病前期，就靠飲食與運動而有所改善，不需要服藥。

老年糖尿病患的照顧需多費心

糖尿病也是老年人口中非常普遍的健康問題。依據衛福部的統計，二〇二三年國人65歲以上高血糖的機率高達27%，不僅逐年攀升，也讓老年糖尿病患者越來越多。馬偕醫院的外科部醫師黃萱與台安醫院的內分泌暨新陳代謝科醫師林毅欣，曾於《內科學誌》發表對於高齡糖尿病患相關研究表示，年齡老化後，胰臟胰島素分泌不足、肌肉與肝臟胰島素阻抗上升，是高齡患者患罹第2型糖尿病相關的致病因素。

平常來我們社區照顧關懷據點上課的長輩，有相當高的比例都有不同程度的糖尿病症狀。患有糖尿病的長輩，通常血液循環都很差，也容易水腫，所以在寒冷的冬天，我都會特別準備電動泡腳機，讓長輩泡腳，配合足底按摩器使用。每當看著長輩脫下鞋襪後，雙腳顏色暗沉腫脹的樣子，總是十分不捨。

我也常提醒長輩，在修剪趾甲時要特別留意，不能剪的太短或太深，指甲周圍的皮膚也要避免修剪太多；皮膚乾燥就要塗凡士林或乳液，減少出現傷口機會；因為糖尿病患一點小傷口都很難癒合，更何況是身體機能已退化的老人家。建議有糖尿病的長輩盡量隨時穿好鞋襪，不要穿涼鞋或拖鞋，若有灰指甲或香港腳也都要特別注意護理。

運動可以促進血糖代謝能力，尤其有氧運動最好，協會安排很多有氧運動課程，像是愛笑瑜伽、徒手肌耐力、彈力球、彈力帶、繩梯、跳舞、以及北歐健走杖等，其中健走是我們從成立協會以來就一直維持的課程之一。據點在體育場旁邊，我們總在上午十點前開始健走一個小時，之後在樹蔭短暫休息，喝水吃小點心；長輩最喜歡這種團體的感覺，運動要感到開心才能長久做下去，一群人一起運動，互相鼓勵，效果特別好。

糖尿病的長輩因血糖不穩定，絕對不能餓到，萬一發生頭暈、手抖、冒冷汗、無力、心跳加速或嘴唇發麻，都是很危險的低血糖症狀，此時就需要立即補充糖分。例如上午十點在據點辦演講活動，通常十一點半，不少長輩陸續都神情渙散了，只因為肚子餓了需要進食，所以我們會在教室後方放置茶水與小餅乾等。長輩們出遊時，也都喜歡帶零食和大家分享，像餅乾、酸梅、潤喉糖、茶葉蛋、水果等，這些分享食物的舉動，其實也是幫血糖不穩的長輩補充身體所需的糖分。

抗拒不了美食誘惑，是大部分人都會有的困擾，全家人同桌吃飯，卻限制有糖尿病的長輩不能夾某樣菜，真的是一種虐待，所以控制血糖應該是全家人一起努力的飲食習慣。但低油、低鹽、低GI（升糖指數）、高纖食物，要變得好吃，真的很考驗家庭主婦/夫們的廚藝。為此，杏一社區藥局經常派藥劑師與營養師，來據點為長輩進行健康促進講座，營養師跟我們分享了讓健康食物變美味的祕訣。首先，要讓食材多樣化，可以使用胡椒等辛香料來增加香氣，或者加檸檬、醋等，以酸味代替鹹味，刺激味蕾增加唾液就可讓食物變得更美味。或是用改變處理食材的方式，例如烘烤，來變換口感與視覺效果。但要記得，升糖速度超快的食物，像是勾芡、粥等，千萬要避免。

此外，也不要一昧的限制特定食物，並試圖開發不同口味的喜好，都是可以嘗試的作法，畢竟改變飲食習慣需要時間。外食的時候也盡量點套餐給長輩，比較容易確定長輩吃的是否過量，並符合健康餐盤（早晚一杯奶、豆魚肉蛋一掌心、飯跟蔬菜一樣多、菜比水果多、水果每餐一拳頭、堅果種子一茶匙）概念，都能讓飲食控制越來越容易。

為了因應越來越多的老年糖尿病患者的醫療與照顧相關衛教知識宣導，衛福部委請中華民國糖尿病研究學會，於二〇一九年編印了《老年糖尿病臨床照護手冊》，做為第一線醫療專業人員照護老年糖尿病人的重要參考，也希望社會大眾能對老年糖尿病有更多認識。

2-6

穿上紙尿褲出門去

談老年尿失禁與凱格爾運動

Story

與紙尿褲當好夥伴的老帥哥

一位常來我們社區照顧關懷據點的「老帥哥」，人緣很好，也很積極參與據點的活動與課程，以及練習愛笑瑜伽。在我的印象中，他非常有個性，堅持掌握自主權，始終都沒有坐輪椅和臥床，甚至在他離世之前的三個月，依然跟我們去三天兩夜的旅遊，感覺不出來他其實是一名癌症病患。

不過他有一個小祕密，可能連相處很多年的笑友們，直到他離世前都沒發現；他因為糖尿病和攝護腺肥大問題，已出現尿失禁，加上年紀大行動較緩慢，為了怕尿急來不及趕到廁所，也不想耽誤大家的出遊時間，他都穿著紙尿褲出門。可能是現在的紙尿褲設計輕薄好穿，他很適應，也很注重個人衛生，儘管長期穿著紙尿褲，都沒人發現。

在他的告別式上，我哭得不成人樣，除了那讓人熟悉，有性格的遺照，在他的告別影片上，滿滿都是他參與志工活動時，那開懷大笑的模樣以及熱愛生命的活力，在在令我不捨。老帥哥在生命晚年，對抗癌症病魔的期間，依舊努力學習，用力玩，認真過每一天，令我非常佩服，也格外懷念他在據點的那段日子。如果他還健在，不知道他願不願意鼓勵其他同樣也有尿失禁的長輩們，勇敢穿上紙尿褲，不要害怕出門呢？

老年尿失禁是常態，但也別因此被限制行動

最近網路上有一首改編自聖誕歌曲的搞笑歌曲爆紅起來，描寫賴床到極致，誇張到會尿床、腳抽筋、餓到眼發暈等爆笑內容，唱出很多愛賴床的人心聲；但當開始會尿床、尿失禁，就讓很多人一點也無法開心起來了。

國際尿失禁協會（International Continence Society, ICS）對尿失禁的定義為：「不自主、無法經自我意識控制而漏尿，造成生活上的困擾，影響生活品質與社交」。人年紀大了，身體機能退化在所難免，也包含泌尿系統，加上特定疾病所併發的症狀、後遺症等，或是男性中年後常見的攝護腺肥大、女性生產後造成骨盆肌肉鬆弛等，都可能造成老年尿失禁。

台大醫院護理部的李嘉玲護理長曾在《台大醫院健康電子報》中，將老年尿失禁分為以下六種類型：

❶急迫性尿失禁（Urge Incontinence）：主要症狀是有尿意要上廁所，來不及到廁所就尿出來，是老年人最常見尿失禁的原因。常發生在有中樞神經損傷的老人，如腦中風、老年性痴呆、帕金森氏症等。

❷壓力性尿失禁（Stress Incontinence）：當尿道功能失調，骨盆腔支撐無力時，用力咳嗽、運動，容易導致膀胱尿道的過度移動，而產生滲尿的情形。多發生在生產胎次多，或曾經歷難產造成骨盆肌肉傷害，更年期後女性賀爾蒙缺乏，造成陰道和尿道的黏膜萎縮老化，使尿道發生閉鎖不全，也容易有漏尿現象。

❸ **滿溢性尿失禁（Overflow Incontinence）：**常見於膀胱神經受損，或是因接受過放射線治療、膀胱週邊神經病變引起的適應性下降，造成每當膀胱脹尿後，膀胱內壓大於尿道阻力，使尿液外漏。

❹ **完全性尿失禁（Total Incontinence）：**好發於外科手術或放射線治療後，尿道禁尿機制受到傷害，變得難以、甚至無法憋尿；或是尿液從尿路與周邊組織形成廔管（人體組織與膿瘍間增生的孔道）滲出。

❺ **先天性尿失禁：**異位輸尿管（如膀胱外翻）、尿道上裂等先天的疾病造成的尿失禁。

❻ **混合性尿失禁（Mixed Incontinence）：**合併膀胱逼尿肌與尿道閉尿功能兩方面的問題，所造成複雜的老年人尿失禁。

尿失禁對老年人的傷害，除了可能引發泌尿道感染，在趕著上廁所時導致跌倒，甚至骨折、夜間失眠、憂鬱症、會陰部的皮膚疾病等，漏出的尿液散發的臭味，嚴重時還會衝擊社交、影響生活品質，以及增加照顧者的負擔等，都是我們必須注意的問題。當長輩出現尿失禁，建議盡速到泌尿科求診。台灣尿失禁防治協會的官網上就有各地泌尿科醫師的資訊，有相關需求的民眾，可根據自己所在地，快速尋求就醫管道。

Tips

台灣尿失禁防治協會

http://www.tcs.org.tw/index.asp

凱格爾運動影片

http://www.tcs.org.tw/community/vcd_list.asp

根據我的觀察，老年人因尿失禁而需要穿紙尿褲時，可能會面臨一些心理衝擊：

❶ **羞愧感和自尊心受損：**老年人可能會感到羞愧，覺得自己失去了尊嚴，因為他們需要依賴紙尿褲來保持乾燥。這種情感可能會影響他／她們的社交活動和自信心。

❷ **抗拒心理：**有些老年人可能會抗拒穿紙尿褲，認為這是一個不必要的改

變，或者害怕被別人發現。照顧者和家人需要耐心地引導他／她們，幫助他們接受這一現實。

❸焦慮和擔憂：老年人會擔心紙尿褲洩漏導致衣物濕潤。這種擔憂可能影響他／她們的情緒和生活品質。

❹心理健康問題：奇美醫院婦女泌尿科吳銘斌主任的研究，發現尿失禁與憂鬱、焦慮之間存在雙向因果關係。老年人可能因為尿失禁而感到沮喪，這可能進一步影響他／她們的心理健康。為了幫助老年人適應穿紙尿褲的現實，我們可以選擇舒適度高的成人紙尿褲，並給予他／她們支持和理解。

除了求診，我特別鼓勵所有上了年紀的長輩，無論目前有無尿失禁症狀，平日都要多做「凱格爾骨盆底肌肉強化運動」，又稱「縮肛運動」。藉由鍛鍊「恥－尾骨」附近的肌肉群，增加尿道阻力，使小便能達到收放自如，並有效改善包含尿失禁、頻尿的狀況。凱格爾運動很簡單，夾緊肛門、尿道口等周圍肌肉，使會陰部有被緊縮提起的感覺，並反覆收縮與放鬆多次動作。相關影片與詳細步驟，國內各大醫院都有完整衛教資源，上網都很容易找到，亦可向泌尿科醫師請教。

如果您發現長輩最近很不愛出門，不太敢大聲笑，或不想蹲下拿重物等，也許他/她有尿失禁問題。我們據點每年幾乎都會舉辦旅行，短程在大台北區搭乘大眾運輸移動，也有搭長途遊覽車或火車到外縣市的三天兩夜旅行。有一次我特別注意到，每年都參加旅遊的「秀秀姨」卻遲遲不報名，經過瞭解，原來她已經開始有漏尿問題，怕與別人同房被發現，也擔心出門不方便。於是我鼓勵她趕緊就醫，平日也多做凱格爾運動，甚至可以考慮接受手術，徹底治療。為了不讓她放棄出門玩耍的機會，我巧妙地安排了一樣也需要穿紙尿褲的遊伴與她同房，讓她們互相照顧。

紙尿褲是老人家的好夥伴

日本早在二〇一二年就曾做過調查，成人紙尿褲的銷售量已經超過嬰兒紙尿褲，明顯是受到高齡化、少子化的影響，想必正邁向超高齡社會的台灣，三至五年以內也將會是這個情況。美國甚至有好萊塢明星願意代言成人紙尿褲，只因為美國已迎來戰後嬰兒潮快速老化的時期，成人紙尿褲的市場將持續成長。

知名國際市場研究機構UMI（UnivDatos Market Insights）曾提出《二〇二〇年全球成人紙尿褲市場分析》，預估二〇二一至二〇二七年間，全球成人紙尿褲市場將以雙位數的複合年增長率成長，也吸引相關製造商紛紛加碼投資擴產。日本知名企業王子控股（Oji Holdings）更於二〇二四年發布聲明，將停產嬰兒紙尿褲，全力專注生產成人紙尿褲，顯見市場趨勢已相當明顯。

但來到賣場，架上琳瑯滿目的成人紙尿褲，該如何替長輩選擇呢？中國醫藥大學新竹附設醫院的整形外科主治醫師廖偉捷，根據兩種不同情況，提出兩個選購建議：

一、在他人協助下可站立、行走的長輩：建議選擇穿脫方便的褲型紙尿褲（復健褲），並鼓勵長輩自行如廁。除了避免悶熱的「高透氣度」，更要留意是否能應付來不及的狀況，考量「瞬吸力與吸收量」，才不會讓溢出的穢物影響長輩的活動與社交。

二、長期臥床的長輩：因為無法自行如廁，可選擇透氣度、吸收量與瞬吸力夠好的黏貼型紙尿褲，並且要注意乾爽度（回滲度），避免紙尿褲受到重力擠壓造成回滲，使皮膚容易出現尿布疹。

此外，尺寸亦須符合身型，過緊會造成不適，過鬆就容易外漏。

在我們的失智社區服務據點裡，大約有十分之三比例的長輩是穿著紙尿褲來上課的；我身邊有不少女性朋友從更年期就有漏尿的問題。另外，肌少症、衰弱症、失智等問題也都會造成排尿控制困擾。我相信，穿紙尿褲這件事情，對大部分的人來說，的確是非常大的心理關卡，也是影響行動力的重要因素。如果可以下床，但依然有失禁問題，請一定要鼓勵長輩穿上紙尿褲，勇敢踏出家門。即使坐輪椅，半走半坐也要出門，光是出門曬曬太陽、看看人，在公園裡扶著走走，對長輩來說都是非常棒的復健。

為了幫助失智症老人面對穿紙尿褲的心理衝擊，我有幾點建議：

一、簡單和耐心：與失智症患者溝通時，使用簡單、清晰的語言。耐心地解釋為什麼需要穿紙尿褲，並確保他／她們理解。

二、視覺提示：在更換紙尿褲時，使用視覺提示，例如將紙尿褲放置在固定的位置，方便失智症患者能夠自行更換。

三、選擇舒適的紙尿褲：選擇柔軟、舒適的紙尿褲，減少不適感。

四、避免羞辱：不要在他人面前討論穿紙尿褲的問題，避免失智症患者感到羞愧。

五、情感支持：提供情感上的支持，例如擁抱、安撫和鼓勵。失智症患者可能會感到焦慮，需要我們的關心和理解。與失智症患者一起面對穿紙尿褲的心理衝擊。

其實紙尿褲就像是老花眼鏡一樣，是輔助工具，能讓我們的老年生活更便利舒適。如果長輩能以這樣的心態來面對，可能反而會感謝，幸好有紙尿褲如此便利的好幫手。其實，每當跨年活動或長途塞車，不少人也會準備成人紙尿褲，以防不時之需，所以穿著紙尿褲出門，不見得很糟糕，最重要還是需要克服自己的心理障礙。回過頭來說，如果長輩能下床，自己穿紙尿褲，還是比臥床需要別人把屎把尿好太多了，而且時常出門，對身心靈的健康都會加分。

2-7

失智不失志

失智症長者的關懷與陪伴

Story

我的母親麗麗紅

「麗麗紅」是我阿娘在愛笑俱樂部、愛笑寶貝志工團裡用的笑名，而我對於據點的女性長輩與志工，經常都以「媽媽」稱呼，當親媽也來據點時反而不好分辨，加上母親喜歡歌仔戲，索性稱呼「阿娘」。她從小就很喜歡歌仔戲，以前從來沒機會學習，後來社區照顧關懷據點的懷舊課，請老師來教一齣戲，讓大家過過戲癮。阿娘當仁不讓，非常想上台演出，但無論她怎麼努力，從早到晚，甚至吃飯睡覺的時間都持續反覆練習，短短三分鐘台詞，她就是背不起來，最後被迫只能跑跑龍套。

阿娘雖然不說，但我已看出她有多失望。這也讓我警覺到，阿娘雖然能從老家基隆一個人坐公車到三重，但下車還是常常走錯邊，無法準時到據點上課。有時候也會因為上課聽不懂，讓她很緊張，上課上到滿頭大汗，一度還想逃學。左思右想，很多跡象都告訴我不妙，半哄半騙將她帶到醫院檢查後，她被判定為輕度認知退化。但她不知道自己有什麼問題，因為我們都告訴她，做身體檢查，記憶力有一點衰退而已啦！

後來我們更積極帶阿娘出門與外界互動，也讓阿娘加入愛笑寶貝志工團，跟著大家一起到各地的養老院做志工，服務更多的長輩。其實阿娘很會照顧老人，也很有老人緣，而且她從不忌諱或排斥為老人服務。記得奶奶過世前，從醫院被送回家，鄉下四合院裡的大廳已經鋪上稻草與草蓆，奶奶躺在那裡，尚有一絲氣息與意識，阿娘為奶奶更換壽衣，梳起優雅的髮髻，抱著奶奶直到斷氣。從曬穀場看著大廳裡的一切的我，覺得這一刻的阿娘好溫柔。父親過世後，阿娘便開始獨居，鄰居成為她很重要生活夥伴。鄰居家的榮民老爺爺過世那天，一通電話，阿娘就去鄰居家，替爺爺清洗與更衣，希望爺爺也能體面離開。我很佩服她，能替別人做這件神聖的事。

經常出入養老院有個好處，就是對生死會淡然一點，能付出就盡己所能，把握當下。阿娘給我的身教，多於言教。她的善良與真誠，滋養著我。不管經營據點或者推動愛笑寶貝志工團赴機構服務，甚至推動愛笑瑜伽運動，都發自內心感受到快樂，能給別人溫暖是幸福的事。

正確認識失智症，就沒有恐懼

無論是日本導演信友直子執導的《我變笨了，請多多指教》，或是台灣金馬導演楊力州的《被遺忘的時光》，都以相當溫馨的手法，讓觀眾認識到失智症患者的生活樣貌。面對台灣超高齡社會的來臨，現實生活中，失智症（Dementia）患者的增長，比你我想像中都更快速。在二〇二一年世界衛生組織出版的《公共衛生領域應對失智症全球現況報告（*Global Status Report on the Public Health Response to Dementia*）》中揭露，全球已有超過五千五百萬名失智者，到二〇五〇年預計將成長至一億三千九百萬人。國際失智症協會（Alzheimer's International, ADI）更早在二〇一五年提出警示，全世界上每三秒就有一人罹患失智症，且平均一位中度失智患者，需要三位照護人力才能好好照顧。在銀色海嘯中，失智症恐會是拖垮家庭的最可怕病症。

失智症的致病原因有非常多種，大致可分類為：退化性失智症（阿茲海默症、額顳葉型失智症、路易氏體失智症）、血管性失智症（腦中風或慢性腦血管病變），以及其他可逆之失智症狀。有些可逆性失智只要找到病因就能緩解，例如營養失調（如缺乏維他命B12、葉酸等營養素）、顱內病灶（如常壓性水腦症、腦部腫瘤、腦部創傷等）、新陳代謝異常（如甲狀腺功能低下、電解質不平衡等）、中樞神經系統感染（如梅毒、愛滋病等。中毒：如藥物、酗酒等）。

不管哪一型的失智，最重要的是提早就醫，確認病症，就有機會延緩惡化。失智不可怕，可怕的是沒有防治的觀念，還有大家對患者的汙名化，尤其談到失智，大家總是會出現一種可憐的表情，但不要由失智變成家庭悲劇的重要關鍵，就是要調整大家面對這種疾病的態度。

考量對患者的汙名化、標籤化，關於失智症的稱呼，過去稱為「痴呆症」的日本，厚生勞動省早於二〇〇四年便正式將其改名為「認知症」。我國行政院政務委員張景森曾於二〇一八年在行政院院會上，建議可將名稱研究改為「認知障礙」；而台北市認知功能促進協會也於國發會的「公共政策網路參與平台」發起提議，將「失智症」更名為「認知障礙症」；無奈在附議階段便戛然而止，顯見相關話題仍未受到大部分國人所重視。

衛福部國民健康署曾於二〇二一年，針對失智症的防治，列舉出十大警訊徵兆，包括：一、記憶力減退而影響生活。二、計畫事情或解決問題有困難。三、無法勝任原本熟悉的事務。四、對時間地點感到混淆。五、理解視覺影像和空間的關係有困難。六、言語表達或書寫出現困難。七、東西擺放錯亂且失去回頭尋找的能力。八、判斷力變差或減弱。九、從職場或社交生活中退出。十、情緒和個性的改變。

當發現身邊家人、親友有以上徵兆，應及早協助引導其就醫診斷，以達到預防及延緩失智。

失智症需要經由專業醫師的診斷，並透過國際對於失智症研究常使用的量表來進行判定，像是極早期失智症篩檢量表AD-8、簡易心智狀態問卷調查表（Short Portable Mental Status Questionnaire, SPMSQ）、甚至簡易智能檢查（Mini-Mental Status Examination, MMSE）都可以發現端倪，但前提是必須有這樣的警覺心與關心。由高雄醫學大學神經學教授楊淵韓與劉景寬，共同翻譯自美國聖路易華盛頓大學阿茲海默氏失智症中心的「極早期失智症篩檢工具AD-8」篩檢，目前衛福部用於讓民眾自我評估、專業人員親自詢問或電話中作答。在回答問題上，家屬應該依照患者過去與現在改變的狀況來考量，而患者本身也需依照自己過去與現在改變狀況來回答，而不是以自己目前的平常表現及來回應。

我們平時在社區照顧關懷據點，也會帶著長輩一起完成這份簡單易懂的「極早期失智症篩檢工具AD-8」，若結果需求診，我們就讓長輩走綠色通道，直接快速送往與新北市衛生局有合作的幾間大醫院，由家醫科或精神科醫師再幫長者，以臨床失智評量表（Clinical Dementia Rating, CDR）進行評估與診斷。

如果是CDR 0.5分的亞健康長者，在我們協會經營的失智社區服務據點，有安排一系列課程，能有效延緩長輩的心智退化。但若高於CDR 0.5分，甚至達到CDR 1分的「輕度失智」，就必須在醫師指示下進行相關治療。輕度患者認知退化時，必須願意走出來面對能延緩，甚至像我阿娘一樣，從CDR 1分進步到0.5分，而不是等到中度之後，已經需要被人照顧，治療時間也會拉長。通常中度失智之後，不用等就醫確診，家人也能發現，因為生活明顯失序，已經狀況百出。

此外，輕度失智症患者並不一定需要服藥，只要改變生活型態，就可以有很不錯的延緩效果。我衷心感謝有機會提早接觸相關長照專業知識，更獲得新北市衛生局與慈濟醫院的輔導與專業支持。我的阿娘從CDR 1分進步到0.5分，只花了一年，而且過程沒有用藥，主要是遵照醫囑維持「三動生活」：運動、腦動、人際互動，且規律作息。同時她每週到據點參加認知課程，並擔任服務志工，也練習愛笑瑜伽，學會放下，面對記憶力不好所帶來的負面情緒，不緊張、不恐懼、不孤單。現在的阿娘活得很開心也有自信。雖然隨著年紀增長，阿娘的記憶力還是可能會變得越來越差，但是她與我們家人都已經準備好面對，盡量鼓勵她維持好的生活型態，就算退化也盡量自理起居。

失智社區服務據點與我的深厚情感

天主教失智老人基金會社工主任陳俊佑，是鼓勵協助我成立失智社區服務據點的推手。他經常到處演講，分享與失智症相關的最新腦科學研究。他注意到腦神經的迴路是可以因為練習，而重新建立新連結的。因為在失智症研究當中，非

Tips

極早期失智症篩檢工具AD-8

依下表極早期失智症篩檢量表（AD-8），請教個案（或照顧者或個案家屬）近幾年來在以下這些事情上有否改變？並將結果記錄下來。

有改變得 1 分，無改變或不知道得 0 分。

得分	題目	內容說明
	1. 判斷力上的困難：例如落入圈套或騙局、財務上不好的決定、買了對受禮者不合宜的禮物。	和以前比較「判斷力」變差，例如：容易被詐騙、明顯錯誤的投資、或過生日卻送「鐘」給對方，對方是男孩卻送裙子，不熟的朋友卻送昂貴禮物等。
	2. 對活動和嗜好的興趣降低。	和以前比較，變得不愛出門，對之前喜歡從事的活動變得興趣缺缺，但需排除因環境變異因素引起或因行動能力所影響。例如：之前常去活動中心唱卡拉 OK，現在卻不願意去，而並非因為卡拉 OK 設備壞掉所導致。
	3. 重複相同問題、故事和陳述。	和以前比較，較多重複問同樣的問題，或重複述說相同的事件等。
	4. 在學習如何使用工具、設備和小器具上有困難。例如：電視、音響、冷氣機、洗衣機、熱水爐（器）、微波爐、遙控器。	和以前比較，對於器具的使用能力降低，例如：時常打錯電話或電話撥不出去，不會使用遙控器開電視等使用器具能力的變化。過去患者會使用，但現在卻不會；同時非因肢體問題而導致，如手痛。
	5. 忘記正確的月份和年份。	和以前比較，以前可以但現在無法說出當下正確的年月、或說錯自己的年齡。
	6. 處理複雜的財物上有困難。例如：個人或家庭的收支平衡、所得稅、繳費單。	和以前比較，較有困難處理複雜的財物活動，例如過去皆負責所得稅的申報、水電費的繳款、信用卡帳單繳費等，現在卻常發生沒繳費、或多繳或少繳錢的情形。
	7. 記住約會的時間有困難。	和以前比較，較常出現忘記與他人約會的時間。
	8. 有持續的思考和記憶方面的問題。	近幾年來較持續出現思考或記憶的問題，例如每天或多或少都有發生上述之狀況。

結果：得分≧ 2 分，需安排進一步確診。得分 <2 分，建議每年至少進行一次失智症篩檢 此量表僅提供失智症初步篩檢用，不具任何診斷意義。請儘早帶長輩至各大醫院神經內科或精神科門診做進一步檢查，以早期發現早期治療。

Tips

	社區活動能力	家居嗜好	自我照料
	和平常一樣能獨立處理有關、工作、購 物、業務、財務、參加義工及社團的事務。	家庭生活，嗜好，知性興趣都維持良好。	能完全自我照料。
	這些活動稍有障礙。	家庭生活，嗜好，知性興趣，稍有障礙。	能完全自我照料。
	雖然還能從事有些活動。但無法單獨參與。對一般偶而的檢查，外觀上還似正常。	居家生活確已出現輕度之障礙，較困難之家事已經不做；比較複雜之嗜好及興趣都已放棄。	需旁人督促或提醒。
	不會掩飾自己無力獨自處理工作、購物等活動的窘境。被帶出來外面活動時，外觀還似正常。	只有簡單家事還能做興趣很少，也很難維持。	穿衣、個人衛生及個人事物之料理，都需要幫忙。
	不會掩飾自己無力獨自處理工作、購物等活動的窘境。外觀上明顯可知病情嚴重，無法在外活動。	無法做家事。	個人照料需仰賴別人給予很大的幫忙。經常大小便失禁。

臨床失智評量表的分期（Clinical Dementia Rating, CDR）

	記憶力	定向感	解決問題能力
無（0）	沒有記憶力減退或稍微減退。沒有經常性健忘。	完全能定向。	日常問題（包括財務及商業性的事物）都能處理的很好；和以前的表現比較，判斷力良好。
可疑（0.5）	經常性的輕度遺忘，事情只能部分想起；「良性」健忘症。	完全能定向，但涉及時間關聯性時，稍有困難。	處理問題時，在分析類似性和差異性時，稍有困難。
輕度（1）	中度記憶減退；對於最近的事尤其不容易記得；會影響日常生活。	涉及時間關聯性時，有中度困難。檢查時，對地點仍有定向力；但在某些場合可能仍有地理定向力的障礙。	處理問題時，分析類似性和差異性時，有中度困難；社會價值之判斷力通常還能維持。
中度（2）	嚴重記憶力減退只有高度重複學過的事務才會記得；新學的東西都很快會忘記。	涉及時間關聯性時，有嚴重困難；時間及地點都會有定向力的障礙。	處理問題時，分析類似性和差異性時有嚴重障礙；社會價值之判斷力通常已受影響。
嚴重（3）	記憶力嚴重減退只能記得片段。	只維持對人的定向力。	不能做判斷或解決問題。
深度（4）	說話通常令人費解或毫無關聯，不能遵照簡單指示或不瞭解指令；偶而只能認出其配偶或照顧他的人。吃飯只會用手指頭不太會用餐具，也需要旁人協助。即使有人協助或加以訓練，還是經常大小便失禁。有人協助下雖然勉強能走幾步，通常都必須需要坐輪椅；極少到戶外去，且經常會有無目的的動作。		
末期（5）	沒有反應或毫無理解能力。認不出人。需旁人餵食，可能需用鼻胃管。吞食困難。大小便完全失禁。長期躺在病床上，不能坐也不能站，全身關節攣縮。		

常知名的美國流行病學博士，大衛・斯諾登（David Snowdon）所進行「修女研究（The Nun Study）」中的馬提亞修女（Sister Matthia），同意臨終後把大腦捐出來提供腦神經科學家研究，證實就算罹患阿茲海默症，大腦明顯萎縮，但卻依然可以優雅的繼續修道服事、教書、生活自理，直到八十、九十歲甚至百歲，都維持完好的心智功能。

　　關於失智者的照顧與預防延緩觀念的推動，天主教失智老人基金會非常專業，照顧過無數家庭，對於失智症預防觀念推廣不遺餘力。從《我愛阿嬤妮》舞台劇、《大腦保健體操》預防失智症宣導影片、《不失智的台式地中海餐桌》、《健腦工程》等預防失智專書、還有被《遺忘的時光》、《昨日的記憶》、《長情的告白》等等紀錄片，都讓人印象深刻，也確實讓一般民眾對失智症有更深入的瞭解。這幾年來，俊佑主任總是不吝嗇的提供我各種資源，甚至來幫忙訓練失智據點的志工以及講師。他一直是我非常敬重的導師，給我很多鼓勵與幫助。我們還曾經一起參與中華金點社區促進聯盟所舉辦的研討會，當有人提問失智長輩相關問題行為如何處理時，他竟然將麥可風轉交給我，請我幫忙回答問題；我當下有些驚慌，但幸好我依據在據點的服務經驗，回答還算得宜，也沒被質疑。這對我來說是俊佑主任給我莫大的鼓勵。

善用「綠色通道」

這些年我們新北市愛笑瑜伽協會不斷成長，從社區照顧關懷據點到失智社區服務據點，服務的人次已超過萬人。而對於失智預防與延緩，我除了透過廣播節目與四處演講、宣導，也讓我越來越有經驗，一眼就能看出長輩是否有認知退化的情況，當然確診還需要配合專業人士，才能幫助長輩。為了讓有認知退化的長輩能夠順利就醫，衛服部在每個縣市都有設置失智共照中心，將相關資源統合起來，更有效率的提升服務量能。

每次在進行失智症預防宣導講座時，我們會當場為長輩做簡單的認知功能檢測，鼓勵長輩多到據點活動。並透過據點受過失智預防訓練的社工、照服員、預防延緩課程講師的多方面觀察，一旦確認長輩失智可能性增加時，就會與家屬聯繫，鼓勵就醫，同時與當事人溝通，建立健康檢查的意願。

全國失智症共同照護中心也會經常派專科醫師來據點演講，長輩對醫生也不陌生。當我們將長輩的相關評測資料提供給派駐在醫院的「長照個案管理師（個管師）」後，個管師會直接安排心理師與精神科醫師看診，讓長輩與家屬不需要先跑一趟醫院掛號，看診當天也會由個管師引導整個就醫過程，減少家屬與長輩的焦慮，通常能順利就醫。如果家屬沒空，有時也會安排志工幫忙協助看診。整個過程盡量減少長輩的壓力與不安感，只當成一般健康檢查，就醫確診率頗高，也會減少一般民眾帶著長輩奔波就醫，一搞就要半年的困擾，這就是綠色通道存在的必要性。

由於輕度患者通常用藥不多，甚至不必用藥，只需要重建生活型態，回到據點認真上課，大多能延緩病症。也有已經在共照中心的失智症長輩，被安排過來上課。每個失智社區服務據點的長輩，都配有一位個管師追蹤提醒回診，據點站長每天也會記錄活動情況並上傳雲端。依我在第一線的觀察，在衛福部長照司的「失智照護服務計畫」推動下，全國失智症共同照護中心與失智社區服務據點的連結，對於失智症預防延緩的確有非常好的成效。但目前失智社區服務據點大部分都處於爆滿的狀態，以我們據點為例，目前還有許多候補個案進不來，希望能有更多非營利組織，也能一同來成立失智社區服務據點，為未來台灣可能有更多的失智長者做好照顧的準備。

2-8

鶼鰈情深曬恩愛

不離不棄，夫妻一同攜手終老

Story

洛基與阿香夫妻的愛情

您有想過，老後需要照顧生病的另一半嗎？阿香是我見過最有耐心，最疼老公的老婆。洛基因為中風行動不便，每週三都要坐復康巴士去醫院復健，出發時間剛好是上午十點，通常九點會先跟我們一起練習愛笑瑜伽。洛基中風前是有名的整脊師傅，從阿香言談中，總聽得出她對老公的景仰與愛慕。現在的洛基因為身體的狀況不若從前，常因病痛而不耐煩或苦惱，但阿香非常有耐性，常常像哄孩子一樣哄著洛基。

洛基生病的這幾年，由阿香親自全職照顧，但家裡沒有收入，日子一天天過去，積蓄都快花完，能借錢的親戚朋友都借了，最後阿香向我們發出求救訊號，我們除了發起募款，也幫阿香找到打掃的工作，希望能支撐這段艱難的日子。沒想到，阿香上班後，沒人推洛基出門，洛基出現在據點的時間也跟著變少，偶然再看到洛基時，他臉上沒了笑容，也因為活動量太少，身體明顯比之前更差。我問阿香：「洛基沒去復健了嗎？」阿香說：「洛基去了都在聊天，沒好好復健，後來就不去了。我要上班也沒空陪他。」於是我們幫忙請了照服員，白天將洛基送來據點上課和活動，但是不到三個月，他們夫妻又失聯了。再去探視，因為少了阿香的陪伴，洛基總是沉默不語，不再積極參與各項活動，後來甚至幾乎只有為了看醫生才會出門。

阿香為了家計，又再找了一份業務工作，忙碌到幾乎都是洛基一個人在家。阿香父親往生的那天，她趕回娘家奔喪，隔天早上回家後才發現洛基倒在浴室裡一整晚，緊急將他送醫，才發現他的血糖高到驗不出來，又併發肺積水、腎功能下降，甚至一度住進安寧病房，好不容易病情才好轉。我勸阿香：「讓洛基去住養老院吧！不然他如果把自己弄死，妳會一輩子愧疚。」

遺憾的是，洛基出院回家後，半年內就離世了。每次想到這對夫妻，我內心總有藏不住的心酸，明明那麼恩愛，卻無法一起走到最後。

為伴侶的老病預先做好風險控管——談「長照險」

每個人的命運都不一樣，我給阿香的建議並不一定是最好的，但是面對身邊伴侶可能會生病的問題，或者自己生病之後，伴侶到底會怎樣的對待？夫妻之間如果有一個人失能了，經濟與精神壓力都會排山倒海而來，我們能否提早為未來可能的衝擊做好準備？這是一個很值得邁入熟齡的朋友去思考與討論的問題。

全球許多已開發國家陸續進入高齡、甚至是超高齡社會，國內外各大金融壽險公司，紛紛推出不同內容的長照險，如果家庭收支尚有餘裕，不如趁早研究適合自己的相關壽險商品，為未來擔任照顧者的壓力預先準備。顧名思義，長照險是指當被保險人符合「長期照顧狀態」時，給予保障的保險商品。而在行政院金融監督管理委員會的《長期照顧保險單示範條款》中，對「長期照顧狀態」有明確定義與規範（有需要的讀者可以上行政院官網查詢詳情）。

至於長照險對被保險人最基本的保障，大致可分區為「長期照顧一次金」及「長期照顧分期金」兩種。

「長期照顧一次金」的計算很單純，即被保險人經診斷符合長照狀態後，根據保額大小，獲得理賠一筆金額。

而「長期照顧分期金」則是經診斷符合長照狀態後，依條款約定的方式，定期依保額大小給付分期金，且有給付次數上限。但如果分期金給付期間，被保險人不再符合《長期照顧保險單示範條款》規範的「長期照顧狀態」，就會暫停給付。

面對越來越多的保險公司推出的長照險商品，民眾該如何選擇？大致可參考以下三個特性：

❶**一次金，或分期金的理賠次數：**各個長照險商品分期金的最高理賠次數設定都不同，但大多為十五至二十期不等。

❷**是否「還本」：**「還本」是指若保戶身故或契約滿期時，沒有申請理賠，保險公司將退還所繳保費總金額（或是扣抵部分金額作為手續費）。「不還本」則是即使沒有申請理賠，保費也不退還。

❸**其他保障項目：**除了基本長期照顧保障外，部分壽險業者、商品還會有涵納其他失能保障，要保人可依自身需求另外思量。

此外，新北市社會局長李美珍在接受《常春月刊》專訪時曾表示，台灣即將進入超高齡社會，加上少子化，晚婚、不婚、離婚、喪偶等因素，獨居將會是未來趨勢。如果單純只考慮自己的退休或者失能問題，準備的退休規劃，與有伴侶的情況確實有很大的不同；在台灣高離婚率下，夫妻能扶持到老已經很不容易，若遇上另一半生病需要人照顧，那更是考驗人性。每個人都可能會生病，只是能不能維持自理或者失能需要照顧，如果能提早為自己準備好，就不會拖累另一半。經常看到長照悲歌的新聞，老老照顧，被照顧者還沒死，照顧者已經先累死；或者是被照顧者死後，照顧者也很快離世；夫妻間的牽絆也許是浪漫的愛情，但更多的是責任，如果能先做好規劃才能負起責任，也是一種對愛的表現。

送或不送另一半到養老院的煎熬

如果夫妻有一方失能，是否有權利將對方送到養老院呢？

在家照顧不了，就只能往機構送；但決定讓生病的家人，離開家去另外一個地方生活，對家的完整性與意義，非常重大。把家人送到機構，就是讓家人受苦、就是不孝，就是不好的決定？有人說要好好對待兒女，不然以後老了被送到養老院；有人說要好好對待老婆，以免以後生病被老婆虐待；但生病之後，家人是否有權利決定被照顧者的醫療方式與照顧方式？

目前我國法律僅針對「精神障礙或其他心智缺陷」者，其親人、家屬可依照判斷、表達能力的不同，分別向法院聲請「監護宣告」或「輔助宣告」。其中「完全無法進行判斷、表達」的狀況，依照民法第14條聲請監護宣告（有需要的讀者可以上網查詢詳情）。

但像洛基這樣只是失能，心智狀態仍正常的被照顧者，依照現有法律，的確還不能強制將他送往養老院。如果又遇到像阿香這種放不下另一半的照顧者，也無法說服另一半入住養老院，讓專業的照護人員來照顧，就只能繼續拖延；偏偏時間不等人，沒有人能預料患者的身體退化狀況，是否仍在掌握之中。此時真心建議務必要撥打1966專線，申請長照服務；讓照管專員來評估失能等級，給予對應程度的補助項目。同時也要讓自己與另一半多認識當今養老院的經營型態，也可多與已入住養老院的住戶詢問、交流。此外，經濟狀況不佳的中低收入戶，也可向政府申請相關長照補助，當另一半入住養老院時，不會加重家中的經濟負擔。

心理學中的「依附理論（Attachment Theory）」由約翰鮑比（John Bowlby）提

出，探討了人類在關係中的依賴和安全感，也就是建立親密連結的需求。而老年照顧者和被照顧者之間的關係，亦可從依附理論的觀點來探討。當老年被照顧者對照顧者的依附性越高，往往讓照顧者無法輕易決定是否將他送往養老院。在老人照顧的情境中，依附模式可以反映出照顧者和被照顧者之間的情感連結和互動方式。以下是一些可能的依附模式：

❶**安全型依附：**被照顧者對照顧者有一種安全感和信任。他們相信照顧者會滿足他們的需求，並提供必要的支持。這種依附關係有助於老人感到舒適和安心。

❷**焦慮型依附：**被照顧者可能會對照顧者的可用性和反應感到不確定，導致焦慮和不安。他／她們可能會過度依賴照顧者，並對分離感到恐慌。

❸**迴避型依附：**在某些情況下，被照顧者可能會避免與照顧者建立深層的情感連結。他／她們可能會保持距離，並試圖盡可能獨立。

❹**混亂型依附：**這種依附風格可能出現在被照顧者對照顧者的行為感到困惑或不一致時。他／她們可能無法理解照顧者的意圖，導致關係中的混亂。

在我們據點上課的長輩，不僅有一部分是夫妻檔，且時常是照顧者與被照顧者的角色組合。我雖然不是心理學專家，但透過觀察他們之間的互動，以及聆聽他／她們所敘述的生命故事，要判斷他們屬於哪一種類型的依附關係，再思考如何引導不同的夫妻檔與其他學員互動，其實不是難事。不過面對焦慮型依附的老夫妻，就真的要花不少時間慢慢開導。也許不是每位照顧者都能輕易辨別，自己與被照顧者屬於哪種依附關係，但我也想請每一位住在家中的被照顧者，換位思考，去理解您的另一半，他／她幾乎耗費全部的心力與時間在照顧您，時間甚至長達數年，累積的壓力與疲憊不僅非常大，更是折磨。如果真的捨不得另一半，請勇敢提出要去住養老院，讓專業照服人員來照顧的意願，也是疼愛另一半的表現。

因為參與愛笑寶貝團志工服務的經驗，我們經常在養老院走動，發現有不少老夫妻是一同入住養老院；打掃、備餐等工作交由院內人員打理，剩下的就是陪伴，相對來說輕鬆很多。也有人白天在機構陪伴另外一半，晚上回家睡覺，隔天再來的案例。由此得知，入住養老院，不等於會拆散恩愛的老夫老妻。因此，當另一半需要長期照護，應試圖找尋專業機構幫忙，不一定要親自全天候在家照顧。將照護工作放心交給專業的養老院，別因社會上不理解而產生的錯誤輿論，將其汙名化，這觀念需要大家一起推動。

2-9

不讓老病衝擊幸福

家庭關係排序的轉換與適應

Story

命苦的童養媳「阿水仔」

我有一位住在基隆的70歲聽友「阿水仔」，過著宛如「戲說台灣」中那個舊年代苦命媳婦的生活。她從小家境清寒，為養父母收養，年輕時便被嫁給年幼的丈夫，成為童養媳，她的責任就是照顧這位未來老公。終於盼到老公成年了，也甜蜜的生下一個兒子。無奈命運多舛，丈夫因病不幸離世。她的養父母又為她招贅一位丈夫，雖然她不願意，但也認命了。

她再婚的丈夫是一位「行船人」，常常一出門就是一年半載，但生活就這樣過下去，也生了兩個孩子。一家有兩個老的和三個小的要照料，丈夫只負責賺錢與年節回家吃飯，家務由她一人張羅，她依舊任命扛起所有一切。

在養父母高壽90多歲離開後，她捫心自問，把養父母照顧得很好，沒有愧對老人家的養育之恩；而後自己的孩子也長大，成家立業了，且十分孝順，終於能好好安享自己後半的人生。

無奈第二任丈夫退休後回家長住，跑船的長年操勞，讓他集了一身的慢性病，依舊由她打理照料，但生病後的丈夫脾氣變得暴躁，又常酗酒，甚至會對她拳腳相向，拿刀威嚇她！有一次丈夫因血壓飆高送了急診，檢查發現已是肝癌第三期。心軟的阿水仔擔心孩子要上班、孫子要讀書，一切的照顧工作還是她來吧！沒想到某一天早晨，她注意到自己的嘴歪了，手也舉不起來了，原來她身體長期過度使用，居然中風了。長久以來，她這麼善良，照顧所有人，堅強承擔一切，但丈夫也倒在病榻上，誰來照顧她與丈夫？至此終於得讓女兒來照顧父親，她照顧自己，在家休養。雖然我們都知道家人應該互相照顧，但阿水仔的故事讓我們看到，其實大部分都是「她」在照顧全家。

照顧者，一定就只能是「她」嗎？

男追女隔層山，女追男隔層紗，談的就是男女關係中，很巧妙的關係位階互換。而家庭照顧關係中的排序定位，也會隨著家人身體狀況的不同而有所變化。雖然夫妻本應互相照顧，但實際上並非都能如其所願。其實，不管是照顧者或被照顧者，都要去深入思考，當照顧角色被迫互換時，應該如何適應。長久以來，台灣女性總是擔任照顧家庭的責任，柴米油鹽醬醋茶，家中大大小小都是「家庭主婦」照顧的對象，從照顧自己的孩子、老公、公婆，到孫子，還有自己的父母；只要有人需要照顧，通常媳婦、女兒、媽媽、老婆會成為主要照顧者，甚至連看護也幾乎都是由女性擔任。

為什麼都是「她」？只因為「她」是家庭主婦？因為「她」做的比較好？因為「她」願意？雖然「她」不一定願意只做個全職家庭主婦，但為了家庭，「她」最後還是選擇放下工作，犧牲人生，改變生活配合，因為大家都覺得「她」比較適合。我雖然自詡為新時代的職場女性，但在社會長期影響下，連我自己也時常覺得家中很多事情應該是我來做，即便當下已經講求男女平權，但傳統觀念依舊深植在我們的骨子與血液裡，很難徹底改變。

最近有一起悲傷的案例：彰化一名76歲久病的失智老翁，因懷疑長期照料自己的妻子外遇，竟拿鐵鎚狂砸妻子頭部，導致她當場死亡。當我看到這則報導，心中不僅憤怒，也十分難過的想著，這不是第一起類似案例，但也絕對不會是最後一起。如果夫妻雙方能相互體諒，平日便養成在家務上分工互助的良好習慣，無論哪一方病倒，我相信帶來的衝擊都不會如此巨大，類似的悲劇，或許也能避免。

許多男性在退休之後，因為忽然失去生活重心，會更需要另一半的照顧，包含從基本的起居，到如何找到生活樂趣，可能都需要女性伴侶的引導。但除了一日三餐外，還有什麼事可以做？這樣的生活依賴與角色轉換，男性朋友是否能適應？尤其是那些高成就的男性，或者根深蒂固大男人主義的人，如何能在家中聽從女主人的規劃與主導，這是一個非常需要適應的過程。尤其當男性朋友進入疾病與退化，甚至失能的狀態時，需要反過來依賴過去在經濟上依賴你的人，恐怕更需要信任的基礎。而對女性朋友來說，若過去是以夫為天的生活方式，需要轉換成扛起一切照顧責任，甚至承擔家中經濟時，是否有足夠的能力與耐心？除了要先面對自己失去依靠的衝擊，甚至還要擔心自己也進入衰老，這些都可能讓生活瞬間變色，光想到就令人頭皮發麻。

所以，通常夫妻雙雙退休，進入真正的第二人生，首先要面對的就是各自的健康問題；如果感情原本就很好，出雙入對，夫唱婦隨，可能未來面臨照顧時，會相對順理成章，比較不會有心理障礙。但若情感基礎不好，加上照顧壓力，就可能會出現冷暴力、言語霸凌等情況。我們已經看過太多案例，老人遭受虐待，加害者往往都是瀕臨崩潰的家人、照顧者等。想想看，最親近的人可能在您最需要照顧的時候虐待你，這是多麼可怕與悲哀的事情，所以，瞭解長照體系中的社區安全網，熟悉任何援助管道，至關重要。

珍視與尊重家中那位照顧者的人生

身為照顧者，該如何擁有自己該有的人生，而不是過度犧牲自我利益，順利完成照顧任務？我想，首先一定要能找對、找夠資源來幫助自己。不管所有照顧者，甚至被照顧者，是不是都心甘情願接受，但都應該要認清一個事實：每個人要照顧好自己都不容易了，更何況要照顧病人。而且很多情況是，在突然面臨家人因病倒下，或是想省錢，甚至是被親友以及自己道德綁架，認為照顧家人不能假於他人之手；但大多數人都沒有經驗能立即上手，心理與照顧技能都不夠成熟，導致生活步調大亂，自己也跟著累垮，都是不難預期的景象。如果還陷入與疾病的長期抗戰，我相信很少人能堅持下去。因此，我衷心建議大家，平常就要多瞭解政府的長照政策，知道如何取得所需的任何資源（請參考p68《善用政府長照資源》），尤其是就近就可在社區取得協助的照顧關懷服務據點。

照顧是一種長期抗戰，每一個病程會需要不同照顧需求，如果你不知道下一步該怎麼安排，也沒有適當的專業照顧介入，可能會錯失黃金復健時間，導致問題不斷重複發生；例如：不斷跌倒，營養失調、憂鬱症狀等等。其實在政府所推動的長照2.0政策中，有提供職能治療、物理治療、營養介入、心理支持、護理專業指導的各類專業諮詢，像是職能治療師、物理治療師、營養師、護理師、心理諮商師等，而且都是可以透過個管師的安排來到家中服務，不是只有照服員來幫忙煮飯、洗澡等勞力型態的協助。

現在政府的長照2.0有許多服務可以幫助我們，更要讓家人一起分擔責任，即便不能一起照顧，也要一起想辦法，一起關心與陪伴。申請喘息服務、居家照護，多參與病患家屬聯誼團體的聚會，一起學習，都對身為照顧者的您有很大的幫助，也能對病患的身心狀況更瞭解。照顧病人的工作，不僅僅是管好吃喝拉撒而已，心理問題的處理、角色轉換等也是非常重要的。請務必牢記長照專線「1966」，有問題就打過去諮詢，絕對能找到更多的救助管道。

因為我自己也是女性，我想提醒大家，尤其是家中的男性與被照顧者，當女性成為家中長輩的主要照顧者時，她們可能會經歷一系列情緒，包括生氣、怨氣和其他負面情緒。以下是這些情緒的更詳細解釋：

❶ **生氣**：女性照顧者可能因為照顧工作的壓力、被照顧者的需求或其他因素而感到生氣。例如，當被照顧者無法理解或感謝她們的付出時，她們可能會感到生氣。

❷ **怨氣**：她們可能因為照顧工作的不公平分配、缺乏支持或其他原因，而產生怨氣，感到被忽視或被遺棄。

❸ **壓力和沮喪**：長時間的照顧工作可能導致她們感到壓力和沮喪。處理日常事務、醫療問題和其他照顧責任，都可能使她們感到不堪重負。

❹ **無助感**：女性照顧者可能因為無法改善被照顧者的狀況而感到無助。

總之，女性照顧者在照顧長輩時可能會經歷多種情緒，重要的是，要懂得幫助她們尋求支持、保持身心健康，並學會有效應對這些情緒。

在我父親因為憂鬱症自殺後，我阿娘從照顧者畢業。如果現在問她，當初她有做好照顧父親嗎？她肯定會告訴我「做的不好」。這不能怪她，因為她沒有經驗，沒有受過專業訓練，也還來不及做好心理調適，父親就猛然驟逝。而如今阿娘也需要被照顧，我又能為她做什麼？這就是我為什麼要積極投入長照服務的原因，也從長輩們的成功與失敗經驗中，找尋對於未來的指引。

我的公婆也進入需要被照顧的階段，這次我做好準備，提早安排需要的照顧資源，也希望能陪伴公婆好好的、開心的面對進入衰老階段。為了讓公婆安心，我們已經說好，絕對會讓他／她們在家安老，不送往機構。而在公公病倒後，婆婆也跟著我積極參與長者關懷活動，與眾多照顧者和被照顧者互動交流。她也清楚認知，這是一條漫漫長路，需要更多陪伴與專業協助。雖然目前我不是公公的主要照顧者，但我有信心，我跟老公絕對是婆婆最棒的後盾。

最後，我想提醒每一位辛苦的照顧者：要先把自己的身體照顧好，才有資格照顧別人，而且不要再獨自承擔這麼大的責任與壓力。

第三章

笑口常開！勇敢面對老化

3-1

健笑人生

跟著愛笑瑜伽一起「Ho Ho Ha Ha Ha」

Story

「護神爸」跟著太太「快樂」一起「起肖」練愛笑瑜伽

UDN聯合新聞網的影音記者，前來採訪我們三重愛笑俱樂部的周年慶活動時，也訪問了練習愛笑瑜伽五年的「護神爸」。記者問他：「愛笑瑜伽有什麼好處？」他回答：「剛開始看太太學習愛笑瑜伽，覺得太太根本像『起肖』一樣，笑的太誇張了，我才不要學呢！」這段竟然被剪成影片焦點。

實在太有趣了，起初覺得太太起肖，沒想到護神爸自己也跟著一起笑，學習愛笑瑜伽比誰都認真，還隨身帶著筆記、小抄，而且還成為了「愛笑寶貝志工團」的主要成員，每個月跑好幾家養老院，帶機構裡的長輩一起練習開懷大笑。護神爸的笑聲自然且宏亮，超有感染力；笑容又自然，每次辦活動，不管哪一位攝影師總會不自覺地，將焦點放在他身上拍到超棒的照片。

護神爸與「快樂」是對結縭多年的恩愛夫妻。快樂是位平凡的家庭主婦，從小茹素性情溫和，相夫教子，謙和有禮，因為聽到我的廣播節目，分享愛笑瑜伽，得知當時剛成立的新北市愛笑瑜伽協會需要人手，特地遠從基隆來到三重找我們，投入志工行列。剛開始，她只是幫忙一些行政庶務，自從跟著學習愛笑瑜伽後，覺得非常紓壓，也簡單易學，經常在家中練習，引起護神爸的側目。護神爸剛開始很難理解，他的太太到底發生什麼事，怎麼會在家無理由的大笑。

直到因為Covid-19疫情，愛笑瑜伽的課程轉為線上進行，出不了門的護神爸在家感到無聊，於是便耳濡目染，陪著快樂一起練習愛笑瑜伽，現在已經是婦唱夫隨了。後來同住的小孫女在阿公的陪伴下，一句句的跟著唸四句聯，也開始「Ho Ho Ha Ha Ha」，護神爸還經常拍攝影片跟其他笑友分享。現在他不但不覺得太太起肖，自己還笑的更大聲、更開懷。

從印度把歡樂傳來台灣的大笑瑜伽

台灣愛笑瑜伽運動，源自印度馬丹・卡塔利亞（Dr. Madan Kataria）醫師，與夫人瑜珈老師馬杜麗・卡塔利亞（Mrs. Madhuri Kataria）共同發起的大笑瑜伽(Laughter Yoga)，最早於一九九五年，在印度孟買一處公園，由五個人起一練習，之後迅速在印度各地快速發展。卡塔利亞醫生更在一九九九年受美國心理學家史蒂芬・威爾遜（Dr. Steve Wilson）之邀，至美國巡迴演講後，全球各地響應大笑瑜伽的人們如雨後春筍般快速成長，至今已經傳遍超過一百二十個國家與地區，並成立成千上萬個俱樂部。

在台灣，陳達誠先生（笑名：OK棒）遠赴印度學習大笑瑜伽後，於2004年引進，並加入愛的溫度，微調翻譯成「愛笑瑜伽」，進而成立「台灣愛笑瑜伽協會」，隨後催生教育中心，翻譯大笑瑜伽國際（Laughter Yoga International）所編制的教材，開辦大笑瑜伽國際大學導師訓練課程，培訓種子師資，藉以幫助後續推廣，並從桃園虎仔山開展第一個愛笑俱樂部，人稱「總笑長」。陳達誠總笑長至今仍與大笑瑜伽國際持續聯絡，並於二〇一七年代表台灣出席第一屆在德國法蘭克福舉辦的全球大笑瑜伽大會，與來自全球各地的笑長分享愛笑瑜伽在台灣的推動現況。

而素有「台灣大笑醫生」稱號的婦產科名醫黃貴帥（笑名：帥醫生），雖然早年於海外進修時，接觸過大笑瑜伽，但卻苦無機會練習，後來透過媒體報導得知陳達誠總笑長已將其引進台灣，便開始在台北國父紀念館、內湖、三軍總醫院等地開設愛笑俱樂部，後來也曾擔任台灣愛笑瑜伽協會理事長，卸任後，邀請運動醫學復健科名醫林頌凱（笑名：林爽快）繼續接棒。

發展至今，全台各地已有五十四個愛笑俱樂部，其中在台中市與新北市也登記有地方性的愛笑瑜伽協會。而由我在二〇一七年創立的新北市愛笑瑜伽協會，除了在三重經營失智社區服務據點、社區照顧關懷據點與銀髮教育中心，自二〇二一年起與新北市社會局合作，推出一系列愛笑力課程，至今已協助培訓超過一百名愛笑力講師，服務於新北市各地的社區照顧關懷據點，讓愛笑力擴散至全新北市。

雖然目前大笑瑜伽在台灣的發展，銀髮族群間相對較熱絡，但其實在世界各國，大笑瑜伽已經成功應用於企業訓練、健身房與瑜伽教室的體適能課程，並進入一般學校對莘莘學子的推廣，甚至於監獄當中開導受刑人的身心靈，幫助其日後回歸社會。

愛笑瑜伽在台灣的培訓系統

相信不少曾在許多公園遇到我們各地愛笑俱樂部團練的朋友，一定感到很好奇，為什麼愛笑瑜伽練習都要在寬廣的戶外進行呢？除了在開闊的空間，曬點太陽，呼吸新鮮空氣，有助於身體健康外，相較一般公園裡其他的運動團體，如跳舞、唱歌、太極、氣功等等，我們的確與眾不同。當所有人一起大笑的時候，笑聲的傳遞非常驚人，容易引起其他路人的注意，有些人甚至經過我們附近，也會跟著笑兩聲，或是停下腳步多看我們一下。我們也經常發現有人會特別坐在離我們不遠的位置，聽著我們的笑聲，跟著我們笑。每次只要有新朋友想跟我們一起練習愛笑瑜伽，不管是透過網路聯絡我們，或是走進公園隨機詢問那些天天也在公園運動的人，總是能很快地找到我們。

如果不瞭解愛笑瑜伽的運動模式與原理，可能很難體會有什麼好處，也不懂

Tips

愛笑辭典

笑友	只要加入各地的愛笑俱樂部，不論職業、性別、國籍、族群、年紀，一律都稱為笑友。
笑名	成為笑友後，每個人可依據自己的特性，或是喜歡的事物，幫自己取一個笑名，之後在愛笑俱樂部內，互相以笑名稱呼對方。
笑長	各地愛笑俱樂部中的資深幹部、講師等，以笑長稱呼。成為笑長，需經由台灣愛笑瑜伽協會根據下列五項條件考核： 1. **基本學能：**接受 12 小時以上之笑長培訓並獲得 CLYL (Certified Laughter Yoga Leader) 準笑長證書。或透過自修學習，在現役笑長指導之下，能夠展現正確的知識和技能，經過愛笑導師口試，通過查核，也視同完成受訓課程。 2. **持續服務的熱情和責任感：** A. 自己創立新愛笑俱樂部或負責經營原有愛笑俱樂部。並且正常運作達一定時間者，每日練一次者，達1個月以上。每週練習一、二次，達3個月以上者。 B. 輔導他人創立新愛笑俱樂部，至少 2 個，並且正常運作達一定時間者。條件如上。 3. **向外推廣的勇氣和解說示範的能力：**在 2 個以上的不同的陌生團體或相同團體但是不同的對象解說帶領愛笑瑜珈 1 小時以上。 4. **團隊精神：**積極參與愛笑俱樂部和協會舉辦之活動，熱心協助笑長，表現良好、經三位以上的笑長聯名推薦者。自選一位現役笑長為輔導笑長。 A. 自創新愛笑俱樂部者須尋求同縣市之笑長推薦。如同縣市無笑長，則不在此限。 B. 負責經營原有愛笑俱樂部者須獲得至少 2 位原地笑長之推薦，除非原地只有一位笑長者不再此限。 5. **必須是台灣愛笑瑜珈協會或分會之會員。**

為什麼大家可以拋開矜持，放聲大笑，就會像「護神爸」一開始以為正在練習的太太如「起肖」那般霧煞煞。所以我得好好介紹一下，希望下次您看到有一群人開心的像孩子一樣玩耍、唱歌、跳舞、大笑，不要害怕，可以放心的一起加入練習如何開懷大笑，不僅簡單易學，更能立即享受放鬆的愉悅。

陳達誠先生擔任台灣愛笑瑜伽協會「總笑長」，並親自遠赴印度接受大笑瑜伽國際大學訓練課程培訓後，翻譯教材並編輯成中文版訓練手冊，再歸納統整出五大重點，四大步驟，三大理由，簡稱「愛笑543」，讓愛笑瑜伽更簡單易懂，快速入門。

愛笑五大重點

❶愛笑瑜伽是一個獨特的概念，任何人都可以毫無理由的笑，不依靠幽默感、笑話或喜劇。

❷我們以集體練習來互動，大家要眼睛對望，眼神交流，加上如孩童般的嬉鬧，它很快就會變成真正有感染性的笑聲。

❸愛笑瑜伽結合了瑜伽練習與瑜伽式呼吸，透過大笑讓身體與腦部獲得更多氧氣，增加腦內啡多巴胺。

❹愛笑瑜伽的獨特概念基於科學證明，身體不能分辨真笑或假笑，透過嘴角

上揚、腹橫肌運動與大笑聲，身心都能得到益處。

❺愛笑瑜伽來自印度醫師馬丹・卡塔利亞博士，於一九九五年僅五人在孟買公園發起，目前有成千上萬愛笑瑜伽俱樂部，全球超過一百二十個國家。除了社交的愛笑瑜伽俱樂部，愛笑瑜伽也在公司企業推行，健身中心、老人院、學校、甚至醫院裡推行。

愛笑四大步驟

❶拍手：以雙手的手掌與手指完全接觸來拍出聲音，與一般只用手掌拍手不同。

❷拍出節奏：1 2・1 2 3同時嘴巴發出「Ho Ho Ha Ha Ha」

❸暖身全身放鬆，彎下腰吐氣直到沒氣，再用力吸氣，緩緩挺腰舉起雙手，重複數次，帶入428呼吸法（吸氣4秒，憋氣2秒，吐氣8秒）。

❹集體互動，眼神交流，以孩童嬉鬧般的做出各種動作表情，並且大笑出來。

愛笑三大理由

❶讓笑變得沒有理由。

❷讓笑的深度變強。

❸讓笑的時間變長。

任何人不管透過網路教學影片，或者參加在公園的開放式免費團練，都可以立即加入練習。大笑瑜伽國際大學導師證書課程教材中，詳述了練習大笑瑜伽有五大益處：

❶**鼓舞情緒**：透過您的腦細胞釋放腦內啡，大笑瑜伽可以在幾分鐘內改變您的心情。這讓您感覺良好，如果您是在良好的心情，您所做的一切也會很好，將使您開朗一整天。

❷**健康益處**：大笑瑜伽能舒緩壓力，增強免疫系統，如果您的免疫系統強，你不會那麼容易生病，如果你有慢性疾病，這將有助於更快療癒。

❸**工作效率**：大腦的運作占用身體氧氣25%以上，才能達到最佳狀態，大笑瑜伽能夠大量增加腦部與身體的含氧量，這有助於提高工作效率，並讓您感到精神充沛。

❹**社交連結**：生活質量取決於我們與朋友間的人際關係，笑是一個與人連結非常好的方式，透過笑容彼此善意關心與分享，為我們帶來更多朋友。

❺**笑著迎接挑戰**：任何人都可以在發生好事的時候笑，而大笑瑜伽教人無條件的笑，當處於困難時，它提供轉換的能力，幫助人們在任何情況下都保持積極心態。

世界愛笑日，讓世界見證台灣愛笑力

世界大笑日（World Laughter Day）訂於每年五月第一個星期日，目的是透過笑來提升人類同胞之情，促進世界和平。簡單的拍手與大笑，竟然能連結起全世界這麼多國家一起同時舉辦慶祝活動，不但讓許多人感到不可思議，更讚嘆笑的傳播力、感染力，是那麼輕易跨越國界、種族、宗教的藩籬，把歡樂帶到每個人的心中。

在台灣，世界愛笑日也已經從各地愛笑俱樂部年度共同的大型聚會，逐漸發展成各界矚目的公益盛事。二〇一六年由知名企業培訓講師莊聰正（笑名：猴起笑）擔任理事長的台中市愛笑瑜伽協會，曾在台中圓滿劇場舉辦超過一萬人參與的世界愛笑日，並邀請資深運動員紀政、藝人簡嫚書為大會代言，同時號召現場萬人一同大笑的壯舉，時任台中市市長林佳龍也率局處首長親自出席，卡塔利亞醫師夫婦更自印度親自飛抵台灣共襄盛舉。

二〇二三年的世界愛笑日大會在新北市舉行，時任新北市愛笑瑜伽協會理事長，身為地主的我，也發起了台灣第一屆「大笑比賽」，初選先讓眾多參賽者上傳自己拍攝的大笑影片，經海選後再到決賽舞台上，笑給現場所有觀眾見證，並邀請同樣對長照、失智症照護議題相當關心的知名演員唐從聖、王滿嬌列席評審團，透過一系列密集的網路宣傳與媒體的大肆報導，讓更多人知道，只要雙手舉高、嘴角上揚，吐氣大聲笑出來，馬上就能體驗愛笑瑜伽。除了每年各地愛笑俱樂部精心準備的各式勁歌熱舞演出，讓我印象最深刻的，是現場有位高齡90餘歲的「月光婆婆」，也在家人陪同下，全家四代同堂一同上台，顯示愛笑的感染力沒有年齡的隔閡與代溝。當時Covid-19疫情雖尚未完全結束，包含卡塔利亞醫師夫婦在內的世界各國笑長仍透過遠端視訊，與來自全台各地至三重綜合體育場參與大會的笑友們同歡，並看到現場這麼多活力四射的高齡長輩都能開懷大笑，共同見證了台灣驚人的愛笑力。

當成千上萬人聚在一起，就能展現大笑驚人的力量，至於如何讓大家團結起來？只要有人開始「Ho Ho Ha Ha Ha」，所有人都會開始異口同聲呼著相同口號，相互拍手，並同聲連氣的大笑，當所有人一起大笑一分鐘，那種震撼與感染力，無庸置疑。每年都會有許多國際笑友來訪台灣，我也曾經趁著與家人自駕露營車，到東京順道拜訪笑友，體驗當地的大笑瑜伽團練，不管語言與膚色，只要開始拍手，像念咒語一樣「Ho Ho Ha Ha Ha」，我們便立即進入愛笑國，純粹的笑容不必思考，不需要言語，一個單純的笑，感動更多人一起笑出來，從內心而來的歡喜，讓人感到幸福。

3-2

失能也能做的有氧運動

利用大笑增加肺活量

Story

努力復健的阿招媽媽

阿招媽媽因為肝臟遭細菌感染，住進醫院已超過二十天了。原本就患有帕金森氏症的她，又被發現肝臟一顆有十三公分的大腫瘤，雖經手術，並於加護病房觀察兩天後，轉入普通病房，由家人悉心呵護，但抗生素治療一直都持續著。她身形嬌小瘦弱，脊椎彎曲駝背的她，走起路來步伐非常小，速度也緩慢，是很典型的帕金森氏症病態，加上這次住院這麼多天都下不了床，別說走路了，連呼吸都困難，幸好精神狀態還可以，每天都透過LINE跟我聯繫著。

阿招媽媽說，雖然每天都有看護二十四小時照顧著她，也有家人、護士、醫生關照著她，但她還是好想回家。八年來她都沒缺席過的「世界愛笑日」，2024年在屏東兩天一夜的旅行，她無奈嘆息著，去不了。她的家人把她之前在據點裡參加課程的照片與筆記，以及屬於她自己的那本「生命繪本」故事書，帶到醫院裡讓她翻閱、回憶，希望能讓她感覺自己仍與大家在一起。

善良的阿招媽媽雖然生病住在醫院裡，仍不斷感恩大家對她的照顧，終於，她體力漸漸恢復，發炎狀況漸漸好轉，現在醫院開始安排復健課程，要求她每天要下床走路，進行肺活量訓練（吹氣球），從一天一次增加到一天四次，出院的日子越來越近了！「阿招媽媽，加油！」我的內心呼喊著。

長輩致命殺手：吸入性肺炎

每一次生病住院、動手術，對年長者來說，都如同鬼門關走一回般危險，經過各種治療後，如何恢復身體的各項功能，才是大挑戰。根據方慧雅護理師二〇二一年於《愛長照》的報導整理指出，臥床三天身體肌質量將減少7％，五天後降低20％，七天後減少35％，兩週後就可能會減少45％，加上許多長輩原本可能就有肌少症問題，生一次重病，就有可能導致終身臥床，所以，在黃金恢復時期內，必須積極且定時進行復健運動。

而除了走路之外，最重要的就是要恢復呼吸系統的肌肉運作，加上為了避免好發於長輩的吸入性肺炎，進行呼吸訓練是絕對必要。「吸入性肺炎」可以說是衰弱長輩的致命傷，經歷過許多次心臟支架等大手術仍康復出院的前總統李登輝先生，卻在最後一次就醫後沒再出院，正是因為喝牛奶嗆到，導致吸入性肺炎，最終離世。

吸入性肺炎，是指因嗆咳，在吞嚥過程中，因肌肉與神經不協調，使原本應該進入食道的食物，甚至是嘔吐物、口腔分泌物等，進入肺部。一旦有空氣以外的東西跑進氣管，身體自然產生咳嗽反應將異物排出，但因年老身體機能退化後，造成吞嚥功能虛弱、咳嗽反射能力下降等情況，使異物留在肺部，導致發炎。

吞嚥功能下降，除了可能是老化與肌少症所致，另外還有中風、帕金森氏症，或服用安眠藥影響中樞神經，使協調變差所造成。預防老人吸入性肺炎，要先確認吞嚥功能，確認是神經、食道或是咽喉的狀況，如病症輕微，可經醫師引導，透過一系列職能治療逐漸回復功能。至於如何察覺自己或長輩有吞嚥功能退化？可透過台南市衛生局於二〇二三年公佈的「咀嚼障礙篩檢量表」進行檢核，如有咀嚼障礙風險，建議應儘快就醫。

想提升肺活量，就勤練大笑瑜伽

古人常說：「氣長命就長。」莊子云：「常人之息以喉，至人之息以踵。」肺部運作時，需要靠許多肌肉一起幫忙，吸氣時，肋骨向外、橫膈膜下沉，使胸腔擴張、腹腔變小，讓肺泡充滿空氣；呼氣時，橫膈膜上升，胸壁向內收縮，將肺泡裡的二氧化碳擠出。所以，吸氣時要能讓胸壁擴增到最大，橫膈膜下壓到最底，根據「呼吸生理學」原理，一般成人在非運動狀態下，平均每一分鐘呼吸的次數約為12至20次，每次呼吸進出呼吸道的氣體量約為450~600毫升，但要扣除從鼻腔到細支氣管的區段，此為無效腔約為150毫升，但呼吸短、淺且急促的情況下，身體得到的氧氣含量相對較少。

Tips

咀嚼吞嚥功能障礙篩檢量表

一、吞嚥能力篩檢（EAT-10）						
三個月內是否有以下問題		沒有（0分）	很少（1分）	偶爾（2分）	經常（3分）	嚴重（4分）
1	吞嚥問題讓我的體重減輕（嚴重者需加做 MNA-SF）					
2	因為吞嚥問題不能在外面用餐					
3	我喝飲料／水很費力					
4	我吃固體食物很費力					
5	我吞藥丸很費力					
6	吞嚥會感覺到疼痛					
7	因為吞嚥問題不能享受用餐					
8	吞嚥後感覺喉嚨有食物卡著（嚴重者需加做 MNA-SF）					
9	當我進食的時候會咳嗽（嚴重者需加做 MNA-SF）					
10	吞嚥讓我感覺緊張有壓力					
總分：________ 分。 注意：若分數≧3分，即「可能」有吞嚥障礙風險						

二、重複唾液吞嚥測試（RSST）
1. 請民眾正坐。 2. 濕潤口腔（以 1 c.c. 水濕潤口腔，或喝一口水，吞完後再開始） 3. 食指放在舌下，中指放在喉結上方 4. 計時 30 秒，計算喉結上下移動次數
共計：______ 次。 注意：若次數≦2次，即「可能」有吞嚥障礙風險

Tips

三、咀嚼能力篩檢量表

六個月內咀嚼能力評估		容易吃	有些吃力	沒辦法吃
1	硬豆乾			
2	炒花生			
3	芭樂（整顆）			
4	炸雞			
5	水煮玉米（整支）			
6	蘋果／梨子／蓮霧／芭樂（切片）			
7	烤魷魚／雞胗			
8	水煮花枝／滷豬耳朵			
9	柳丁（有切片）			
10	竹筍／敏豆／花椰菜／切片的小黃瓜			
11	煮熟的紅／白蘿蔔			
總計：________ 種（有些吃力＋沒辦法吃） 注意：若次數≧4種，即「可能」有咀嚼障礙風險				

Tips

四、簡易營養篩檢表（MNA-SF）

營養篩檢		分數
三個月內有沒有因為食欲不振、消化問題、咀嚼或吞嚥困難而減少食量	0＝ 食量嚴重減少 1＝ 食量中度減少 2＝ 食量沒有改變	
三個月內體重下降的情況	0＝ 體重下降超過 3 公斤 1＝ 不知道 2＝ 體重下降 1-3 公斤 3＝ 體重沒有下降	
活動能力	0＝ 需長期臥床或坐輪椅 1＝ 可以下床或離開輪椅，但不能外出 2＝ 可以外出	
三個月內有沒有受到心理創傷或患上急性疾病	上急性疾病 0＝ 有 2＝ 沒有	
精神心理問題	0＝ 嚴重癡呆或抑鬱 1＝ 輕度癡呆 2＝ 沒有精神心理問題	
身體質量指數 (BMI) （體重）公斤／（身高）米 ^{2} （kg／m ^{2} ）體重	0=BMI 低於 19 1=BMI19 至低於 21 3=BMI 相等或大於 23 2=BMI 21 至低於 23	
總計：________ 分。	注意：若分數≦ 11，即「可能」有營養不良風險	

如果運動量不足，肺活量差，使得身體的二氧化碳量累積，經常覺得疲勞，且身體含氧量低，也會對身體各項機能退化造成不同程度的影響，甚至導致疾病產生。而年紀越大每一分鐘呼吸的次數，因為肌肉衰退或疾病，都可能導致呼吸次數變多，呼吸變淺。我們如何知道自己的肺活量是否不好呢？可以透過台灣胸腔暨重症加護醫學會所發展出的「1分鐘登階測試」，自我檢測肺功能及肺阻塞風險。

Tips

1分鐘登階測試

50到80階以上	1分鐘之內可登階50階以上，表示肺功能相當不錯，屬於低風險族群。
30到50階	1分鐘之內登階30到50階，屬於中度風險族群，需檢視是否有吸菸史或喘、咳、有痰等症狀，應多留意肺功能狀態。
0到30階	1分鐘之內只能登階0到30階，便屬於高風險族群，代表肺功能很差，要盡速就醫。

如何讓身體含氧量提高，甚至增加肺活量？許多人提倡「腹式呼吸法」，專注使用橫膈膜收縮（下丹田），讓空氣能夠進入肺部的最深層，並放慢呼吸次數，一分鐘來到五至六次。「圓唇呼吸法」也經常受職能治療師的推廣，與吹氣球訓練或者吸管吹氣法雷同，重點都在練習吐氣，先閉上嘴巴，然後用鼻子吸氣，心中默數1、2，然後噘嘴放式（像是吹蠟燭）將空氣經由口腔緩緩吐出，吐氣的長度約為吸氣時間的兩倍，心中可以默念1、2、3、4。

更為人熟知的有氧運動，例如：慢跑、健走、騎自行車、跳繩等，不僅可以同時強化心肺功能，長期練習更有助於提升呼吸的效能，並能降低焦慮、釋放壓力。而大笑瑜伽發起人卡塔利亞醫師發現，當我們大笑的時候，橫膈膜（下丹田）肚子用力收縮著，此時從呼吸道進入肺部的空氣量遠遠超過，正常呼吸時。秘訣在於大笑時身體會將橫膈膜下壓到最深處，幾乎擠壓出所有二氧化碳，自然的吸入更大量的氧氣，然後準備下一次的大笑，在此過程中，橫膈膜的上升與下降幅度，甚至肺活量都有驚人的變化。大笑十分鐘，身體所燃燒的熱量與運動到的肌肉量，甚至比跑步或者騎腳踏車還要更多。

多數人會誤認為，訓練肺活量，應該就是用力的吸氣，其實恰好相反。當我們將身體裡的廢氣吐乾淨，也就是橫膈膜擠壓下降到最深處，讓製造出胸腔最大空間，讓肺泡能藉由吸氣輕鬆的舒展開，而吐氣、吸氣速度的掌控也是其中非常重要的訣竅之一。而放聲大笑，自然達成身體取得最大呼吸量，難怪我們每次大笑之後，總是覺得身心特別舒暢，因為身體此時正充滿著氧氣呢！

如果腿的力氣已經不足以站立或行走，但還能呼吸、講話、進食，那麼他就能練習愛笑瑜伽，因為愛笑瑜伽獨特節奏式的拍手動作，與「Ho Ho Ha Ha Ha」口號，加上無理由大笑，能自然的帶入更多氧氣進到身體，同時增加肺活量，進而減少嗆咳與吸入性肺炎的可能性。

新北市愛笑瑜伽協會自二〇一七成立以來，協會志工累計超過七百多場服務，進入養老院或日照中心，帶著失能或失智長輩，一起做愛笑瑜伽，並融入唱歌、跳舞等，引導長輩大笑，增加笑的時間與次數，提升運動效能。不僅深受長輩的歡迎，因為非常歡樂，且沒有被迫運動的疲累，反而得到更多愉悅感，長輩甚至因為我們的陪伴而獲得幸福感，接受度都非常高。同時我們也拍攝了一系列教學影片，讓機構工作人員可以隨時隨地播放，在新北市社會局「動健康」頻道也能找到，幫助長輩隨著笑聲經常練習，這當然比吹氣球訓練或圓唇訓練有趣許多，執行起來事半功倍。如果長輩經常在家跟著影片練習，也會有不錯的效果，在疫情期間許多長輩外出運動的機會減少，又擔心自己缺氧，教學影片成功讓長輩們提升自己的肺活量。

Tips

新北市社會局動健康頻道－愛笑瑜伽教學影片網路連結

https://youtube.com/@user-fg2zg3vz9g?si=UAggJWqD1hZAW3_u

3-3

心快樂不起來，讓身體先快樂

從假笑變眞笑

Story

重拾歡笑的「心事仔」

來自平凡家庭，長年茹素的60歲家庭主婦「心事仔」，有一陣子總是表現無精打采，不願與人講話，甚至經常忘記上課時間。剛開始大家真的都以為她是失智，但經過診斷之後，醫生證實她是重度憂鬱而表現出失智狀態，後來才發現她因為長年失眠，從30多歲就開始服用經處方開立的安眠藥，而後又因有憂鬱傾向，也開始服用憂鬱症藥物，加上平日沉默寡言，鮮少與人互動，隨著年紀漸長，自理能力逐漸退化。

家人知道住家附近有我們的社區照顧關懷據點，請求鄰居媽媽的幫忙，陪心事仔一起來據點參加活動，練習愛笑瑜伽，與其他長輩頻繁互動。在心事仔來據點活動第七年後，有一天她看到我來據點拿東西，親切的湊過來問候我，並握著我的手，熱情地說：「我很高興能夠來據點上課，現在我好快樂！」

除了來據點上課，心事仔現在常跟社區的鄰居一起去參加里長辦的旅遊，與過去相比，人生變得非常不一樣了。每次聽到這些，我都感動的好想掉眼淚，因為她不是真的失智，只是憂鬱而已。而她現在不憂鬱了，還可以到處遊山玩水。某次協會春酒活動，她因為要參加旅行，還請兒子來代替她跟大家一起吃飯，表達沒忘記跟我們的約會。

來到據點七年的心事仔，她的假性失智、認知退化的情況已經完全不見了，當然憂鬱的情況也大大改善。我不敢說她是因為練習愛笑瑜伽才好的，也不能保證她是不是未來都不會失智，但我知道現在的她非常把握每一天，珍惜她的朋友與生活狀態，經常面帶笑容，並且繼續在據點裡上課。

仔細注意家中長輩的憂鬱反應

如果家中老人，總是坐在沙發上，無精打采，對過去熱衷的活動，現在都表現得興趣缺缺，漸漸的反應變得很慢，甚至常常忘東忘西，您覺得他會不會是失智了呢？如何判斷失智與健忘，在前面章節我們已經談過，但如何分辨失智與憂鬱呢？在眾多失智種類當中，老人憂鬱常會被誤認為失智。在協會經營的失智社區服務據點裡，我們會以衛服部心理健康司所提供的「老人憂鬱症量表」，來幫長輩做初步檢測。若檢測出來超過7分，就會透過綠色通道，將長輩送往失智共照中心進行更近一步檢測，期望能儘早發現，延緩憂鬱症狀的惡化。

另外，亞東醫院的精神科周秉萱醫師也曾在報導中指出，台灣65歲以上老人憂鬱症盛行率為6.22%，然而這其中可能不包含因為罹患失智症、帕金森氏症、中風與失能長輩，同時會有共病的憂鬱症狀，而且最令人擔憂的是，老人憂鬱就診率不到10％。以我爸爸為例，他的帕金森氏症本來可能將長達十年或數十年病程，但因重度憂鬱，他選擇提早結束生命，令我們家人都感到相當惋惜，如果早點認識憂鬱症，也許就有機會讓他康復。儘管當今許多長輩可能不是屬於非常嚴重，

Tips

老人憂鬱症量表

請根據您最近一週內的感受，回答下列問題：

	是	否
1. 基本上，您對您的生活滿意嗎？（台：基本上，您對您的生活有滿意麼？）		
2. 您是否減少很多的活動和興趣的事？（台：您有減少真多的活動和有趣味的事麼？）		
3. 您是否覺得您的生活很空虛？（台：您會感覺您的生活真空虛麼？）		
4. 您是否常常感到厭煩？（台：您會常常感覺真煩麼？）		
5. 您是否大部分時間精神都很好？（台：您是不是大部份的時間精神攏真好？）		
6. 您是否會常常害怕將有不幸的事情發生在您身上嗎？（台：您會驚說您會遇著不幸的事情麼？）		
7. 您是否大部分的時間都感到快樂？（台：您是不是大部份的時間攏感覺快樂？）		
8. 您是否常常感到無論做什麼事，都沒有用？（台：您會常常感覺不管做什麼事，攏無路用麼？）		
9. 您是否比較喜歡待在家裡而較不喜歡外出及不喜歡做新的事？（台：您會較愛待在厝裡，較不愛出外，亦不愛做未曾做過的事情麼？）		
10. 您是否覺得現在有記憶力不好的困擾？（台：您會感覺您比大部份的人有卡多記智不好的問題麼？）		
11. 您是否覺得「現在還能活著」是很好的事？（台：您會感覺「現在還能活著」真好？）		
12. 您是否覺得您現在活得很沒有價值？（台：您會感覺您現在活得真無價值麼？）		
13. 您是否覺得精力很充沛？（台：您會感覺真有氣力麼？）		
14. 您是否感覺您現在的情況是沒有希望的？（台：您會感覺您現在的情形是沒什麼希望的麼？）		
15. 您是否覺得大部分的人都比您更幸福？（台：您會感覺大部分的人攏比您卡好命麼？）		

分數的切點7-10分可能有中度憂鬱，11分以上為重度憂鬱。建議遵循以下篩檢後續追蹤流程。老人憂鬱篩檢：7分以下：保持良好心理健康，避免憂鬱情緒。7-10分：進行需求評估，心理輔導與諮商，轉介資源。11分以上：進行需求評估，轉介醫療系統與相關資源。
資料來源：衛福部心理健康司「老年憂鬱症量表 (GDS-15)」

或典型的憂鬱症，但其負面消極的面對老後生活，很難不讓人擔心憂鬱的傾向是否會隨著時間加重，等到憂鬱症惡化到難以治療時，往往已來不及阻止悲劇發生。

當我們探討憂鬱形成的原因，還要思考人的情緒是如何產生的。包含：人的情緒可能一瞬間就變化嗎？破涕為笑是怎麼做到的？例如；出國旅行的家人，坐上失事的班機，家人心急如焚，趕到機場希望得到最新消息，卻在機場發現睡過頭的家人根本沒搭上飛機，原本淚流滿面的表情，立即放聲大笑。情緒是可能一瞬間就轉變的。有時候我們碰到很糟糕的事情時，也會利用幽默的方式或者給糟糕的事來個搞笑命名，讓自己情緒有個轉換出口，其實有時候我們得騙騙我們的大腦，經常使用快樂迴路，讓連結變強。身體的血清素、多巴胺、正腎上腺素控制我們情緒，而且對於睡眠、認知、食欲、性慾等變化都是重要的神經傳導物質。

許多身心科醫師會非常小心的使用各種含有刺激神經傳導物質的藥物，來控制病人的病情，但這些物質難道無法從我們自己身上產生嗎？當然可以，但它們是如何被製造出來的？除了有正確的營養之外，正確的刺激迴路也很重要。

心快樂不起來，能不能讓身體先快樂起來？

曾有科學家研究，靈長類動物都有共通的肢體語言，那就是張開雙臂甚至舉高，並大聲吼叫，這個動作就是刺激體內多巴胺與正腎上腺素的最簡單動作。尤其是在抵禦外敵、求偶的時候，都可能會出現這個動作，藉以表現出自信與焦慮對抗。

動物是否有情緒？多數科學家認為是有的，尤其是靈長類動物，而人類對情緒的表達更複雜，同樣是高舉雙臂大聲吼叫，這可能代表非常高興，但也可能是非常憤怒。當我們也高舉雙臂大聲吼叫時，身體就會刺激多巴胺與正腎上腺素分泌，尤其人類跟其他動物不同的特點是，我們還擁有豐富的臉部表情系統能表達情緒，因此，當我們展開雙臂高舉揮舞著，並且嘴角上揚配合大笑聲，那有可能發生如支持的球隊打出超級全壘打了、百米選手以破紀錄的速度衝線般的雀躍心情；若萬一我們正揮舞著雙手、耀武揚威的橫眉豎眼，卻可能是要揍人了。雖然我們的身體做了同樣的動作，都激發了身體的賀爾蒙，一旦表情完全不同，所表達的情緒也將跟著不同。

卡塔利亞醫師在全世界推廣大笑瑜伽時，不斷強調假笑也能變真笑，方法就是，利用不斷帶著大家做嘴角上揚、雙手舉高的動作，並吐氣大聲笑出來，同時強調笑得時間越久越好，不斷刺激身體的快樂迴路產生激素，由身體帶動心理的內在轉變，同時也配合瑜伽呼吸與正念靜坐等。在此同時，許多腦科學與心理學研究，也證實運動的確可以刺激身體產生正向循環，德國社會心理學家弗里茨・史特拉克（Fritz Strack）甚至只要把一枝筆橫著咬在嘴巴，製造出微笑的表情，經過幾秒鐘之後，再看同樣一張卡通圖表，也能變得更好笑。

而將大笑瑜伽引進台灣的陳達誠總笑長，特別將「大笑」翻譯成「愛笑」，有其特別用意。他希望當大家在大笑的時候，也能帶著愛，並用赤子之心，透過彼此的眼神交流、笑容中得到更好的心理回饋，你對我笑，我也對你笑，進而達到假笑變成真笑，更從身體動作激發神經傳到物質，進而從「笑友」彼此間的善意回饋得到真笑的效果，所以，我經常說：「對自己笑是智慧，對別人笑是慈悲。」就像布施會從內心感受到的幸福感。

關於老人憂鬱，我有深刻的體驗，不僅是因為我的父親自殺，還有我們經常到養老院服務失智、失能的長輩，笑容就像是消失在那個空間裡，所以，我們努力的到養老院製造笑聲與笑容，分享愛笑瑜伽。同時我也非常建議大家要隨時注意自己情緒狀態，從心理學與生物學的角度來說，雖然人類處於擔心、焦慮有助於生存，但如何能快速轉換至正面、積極，避免過度的次級情緒讓人陷入憂鬱狀態，需要多多練習，並常常建立快樂迴路。所以我建議大家，應該經常發覺自己的快樂指數，也試看看用源自大笑瑜伽國際的師資培訓手冊，並由台灣愛笑瑜伽協會翻譯改編的「尋找您的大笑指數」量表，看看自己有多少「愛笑力」。

題號	題目	分數（請圈選）
10	我經常對我的生命感到興奮亦充滿熱情 Frequently I feel excited and passionate about life.	1 2 3 4 5
11	我總是外向表達我自己 I express myself as an extrovert often.	1 2 3 4 5
12	我對生活感到滿足且快樂 I am satisfied and happy with life.	1 2 3 4 5
13	我在身體、心理及情緒上的幸福感，是無憂無慮的 My physical, mental & emotional well-being is relaxed.	1 2 3 4 5
14	我能夠很容易的和陌生人溝通與交流 I am able to communicate and interact with strangers.	1 2 3 4 5
15	我經常都感到神清氣爽且充滿活力 I often feel refreshed and energetic.	1 2 3 4 5
16	面對挑戰，我保持正面思考 I stay positive during challenging times.	1 2 3 4 5
17	我與很多朋友保持聯絡 I am connected to a lot of friends.	1 2 3 4 5
18	我可以輕易在毫無原因下大笑 It is easy for me to laugh for no reason.	1 2 3 4 5
19	我常常行善 I often perform random acts of kindness.	1 2 3 4 5
20	我擁有在別人面前「裝傻」的能力 I have the ability to be silly in the presence of others.	1 2 3 4 5
	合 計 總 分	

評分結果：

- 分數介於80-100，您是一個很棒的大笑者，請繼續保持。
- 分數介於60-79，您很會大笑，但還能更好。
- 分數介於40-59，您笑的太少了，要多大笑。
- 分數低於40，您可能正面對嚴重的問題，請盡快設法將大笑帶到您的生活中。

尋找您的大笑指數

下表是根據愛笑瑜伽的概念與哲理所制定的，有助於測定您在無緣無故下大笑的能力、釋放情緒的能力、溝通技巧，與您的生活是否涵蓋到歡樂的四大元素，如唱歌、跳舞、玩樂和大笑，以及其他使生活更幸福與快樂的因素。請依據1至5分，為每個問題與陳述打分數。

1＝非常不同意　2＝不同意　3＝普通　4＝同意　5＝非常同意

題號	題目	分數（請圈選）
1	我每天都很常大笑 I laugh a lot everyday.	1 2 3 4 5
2	我內心對笑的渴望和歡樂驅使我大笑 My source of laughter is driven from my internal desire to laugh and have fun.	1 2 3 4 5
3	我每天都用幽默的方式感知、表達和體驗特定的情況 I use humor daily to perceive, express and experience a given situation in a humorous way.	1 2 3 4 5
4	當我和別人互動時，會加入有趣的肢體動作及俏皮的心態 I add physical playfulness and a playful mental attitude while interacting with others.	1 2 3 4 5
5	每天我都會在沒有原因下唱歌 I sing for no reason everyday.	1 2 3 4 5
6	每天我都會在沒有原因下跳舞 I dance for no reason everyday.	1 2 3 4 5
7	每天我都能自如的釋放正面或負面的情緒 Every day, I express freely my positive and negative emotions.	1 2 3 4 5
8	每天我的正面想法比例都很高 Every day, I have a high percentage of positive thoughts.	1 2 3 4 5
9	我通常都處於平靜與冷靜的狀態 I am peaceful and calm often.	1 2 3 4 5

3-4

找回赤子之心，當下就快樂的祕訣

練習正念減壓，讓自己愛笑

Story

天眞的文德爸爸與菩提樹葉

我們三重愛笑俱樂部的發跡地：三重綜合體育場，周圍種了許多菩提樹，平時就是附近長輩散步的好去處。記得那年的秋天，正是落葉時節，涼涼的微風吹著，健康步道上滿是灑落的菩提葉，很有秋意，但卻也不蕭瑟，可能因為我們在一旁熱鬧地練習愛笑瑜伽，呼喊著「Ho Ho Ha Ha Ha」。身著特別顯眼的橘色運動服，愛笑老寶貝們剛剛持著北歐健走杖，在操場上練習完健走，來到樹下休息，一起唱唱歌、跳跳舞、閒話家常。

課程即將結束時，有一位「文德爸爸」還捨不得走，彎著腰撿拾落葉，堆疊成一個大大的愛心，吸引大伙圍過來，齊聲讚美，紛紛直喊「水啦！」，也讓一群老寶貝在操場樹下玩耍著，我也順手用手機把這溫馨的畫面拍攝下來。這張照片至今我一直留著，真希望這一刻永遠停止。落葉很美，老寶貝的笑容更美。

我始終深信，任何事情，老天爺都會有最好的安排。我成立的第一個社區照顧關懷據點與愛笑俱樂部，都在三重綜合體育場這一帶，有操場、綠地、大樹，四季更迭出不同美景，讓長輩們有足夠寬廣的戶外空間，可以時常走出教室玩耍。記得二〇一七年在台北市舉辦的世界愛笑日，我發起了「抱抱大樹，笑出童心」活動，並將募款捐給董氏基金會，為憂鬱症防治盡點微薄之力。長輩們可開心了，大家紛紛獻出自己可愛的抱抱大樹照片，宛若一隻隻可愛的無尾熊，還有三個加起來超過兩百歲的爺爺級人物，抱著同一棵樹，也是超經典、有趣的畫面。

正念減壓，重拾單純生活，調適身心靈

抱樹幹、撿樹葉、玩跳格子、唱兒歌，這些我們孩提時期最愛的事，在我們長大之後，往往只封存在回憶裡。還記得當時的我們多麼快樂嗎？為什麼我們不再做這些令自己開心的事？一直住在我們心裡面的那個孩子，現在還好嗎？是否依然快樂著？我們還依然對這世界充滿好奇，對生活當中的小事感到有趣，充滿對未來的像想嗎？還依然會哼著歌邊跑邊跳著，一心朝著目標開心而去嗎？我們長大了，學會了很多生活技能，承擔了更多的責任，面對更多的生活壓力，還一樣可以單純的快樂嗎？

一九七九年，美國知名禪修指導師喬．卡巴金博士（Dr. Jon Kabat-Zinn），在練習冥想靜修多年後，與當代科學研究結合，提出正念（Mindfulness，或譯作覺察、靜觀），並創設了正念減壓法（Mindfulness-Based Stress Reduction, MBSR），此後正念在歐美國家逐漸成為心智訓練課程，並於醫學界、企業界、教育界、心理學界快速發展。卡巴金博士定義正念為「有意識且不帶批評地，保持當下留心

的覺察」，以及「刻意地、當下地、不批判的注意時時展開的經驗所產生的覺察力」。

經過多年發展，正念減壓課程在全球越來越風行，許多身心靈專家與親身參與課程的學員，皆證實這套訓練的確對生活帶來正面影響，包含：改善睡眠、釋放壓力、提升專注、情緒穩定等等。越來越多人相信大腦運作的方式也需要鍛鍊，這點我也非常認同。我曾經邀請華人正念減壓中心的師資群，還有國內最早開始將正念導入校園的「覺察叔叔」張正傑老師，來社區照顧關懷據點授課長達一年。我自己也透過參加天主教失智老人基金會推廣的健腦工程課程，學習靜坐、冥想、身體掃描等方式，練習正念覺察。後來，我發現正念覺察與大笑瑜伽中「內在靈魂的笑」，有許多共同之處。

正念有一個很重要也很簡單的精神，就是全心全意地專注在當下發生的事，包含：自己身體的感覺，環境的變化。將注意力與每一個當下同在，還要做到不批判，面對、接納、處理、放下，從腦中跑過的每一個念頭，身在那裡，心就在那裡，其實非常不容易。我們的腦袋總是瞬息萬變，念頭叢生，一刻不得閒。開著電視、滑著手機，邊聽音樂或Podcast邊回Email或LINE、Messenger的訊息，明明牽著愛犬到公園散步，但專心散步的似乎只有無憂無慮的汪星人，而我們可能都在想著：明天進公司還要處理哪些事？週末要去哪裡玩？哪個網紅介紹了哪家餐廳？等瑣碎事情，其實搞不好根本不是我在遛狗，而是狗在遛我也不一定呢！

或許我們該好好思考：一天當中有什麼時間是一次只做一件事情，只想一件事情的？在追求速度的數位科技時代，我們被龐大的資訊轟炸，經常處於焦慮狀態而不自知，專注力不斷下降，記憶力衰退等，像是我常常也會走到廚房時，忽然忘記我來廚房要做什麼；或是談話中心裡想著一個人，卻說不出他的名字；明明已經躺在床上，準備睡覺但腦袋還是停不下來，難怪越來越多人有失眠問題，甚至越來越多人擔心自己老了會不會失智。一起來試看看正念訓練，幫自己好好減壓吧！

我的愛笑瑜伽學習歷程

在學習愛笑瑜伽的過程當中，一開始我帶著目標與期望，希望愛笑瑜伽能帶我走出憂鬱，甚至想要成為能夠帶領長輩大笑的笑長，於是我報名參加了在烏來民宿的三天兩夜笑長訓練，學習愛笑瑜伽的基本觀念與執行的方法。課後老師（總笑長陳達誠）要求學員，要連續大笑三十天，並且每天自拍一分鐘大笑影片。課後我非常積極努力，不僅自己笑，還錄起來分享給親朋好友，甚至在自己的廣播節目中，每天分享「大笑十分鐘」。

不過，剛開始我的笑聲實在太假，太牽強，過於緊張又急促，我體認到，因為我只是想要把我學到對大笑的引導，從腦中找出來，背得更熟練，根本沒享受到放鬆與愉悅。當然聽我練習大笑的人也感受到了，我的大姊委婉的傳訊息跟我說：「不要笑得那麼用力，這樣笑容不漂亮。」至於廣大的聽友們就不客氣了，甚至有人直接打電話進節目抱怨：「請妳不要再用奇怪的笑聲打擾我睡午覺了，真的非常不悅耳。」雖然挫折不少，但我還是堅持了一年的空中大笑，並且每週一在三重綜合體育場帶領著長輩們一起大笑。堅持了七年，這份堅持讓我從假笑變真笑，從噪音變悅耳，笑容與笑聲逐漸變得有感染力。

回想整個過程轉變的關鍵，在於我從想要表現自己、在意別人對我的看法，變成享受每一次的深呼吸、每一次和笑友的眼神交會、每一次團練時大家玩在一起的樂趣，我不再思考倒底能不能帶領大家大笑，而是享受自己能夠大笑、專注當下的快樂。在總笑長的引導與帶領下，我慢慢理解，這就是正念當下的體驗。甚至後來有一次我重新翻閱笑長培訓課程的訓練手冊，才發現原來我一直都只在練習前面的三分之一而已，都在呼口號、假笑、團康，訓練手冊裡撰寫的內在精神五大原則，我根本還沒學到，但總笑長鼓勵我：「瑜伽不只是一種學習而已，應該是一種體驗，不去做是沒辦法體驗的，沒有身體力行是得不到的。」讓我又放下突然出現的擔憂，繼續用心去體會、去享受大笑的過程。

愛笑瑜伽內在靈魂的五大基本原則：

❶做自己、別偽裝。

❷人生的宗旨是貢獻，並不是成就。

❸盡己所能，一切隨緣。

❹珍惜、原諒，兩大神奇法則。

❺當您選擇改變，世界會因你而改變。

我反覆去閱讀、思考、實作、體驗，使我開始學習接納自己，包含我原生家庭的一切，覺察自己的情緒，學會面對自己，相信我的態度、行為改變後，我眼中看到的一切都能有好的結果，後來我的情感豐富到，連生活中的許多小事都能讓我愉快、感動。有一次偶然看到一張自己十年前的照片，我發現我的長相也改變不少，臉上笑出的魚尾紋、強健的蘋果肌，甚至連酒窩都跑出來了，於是我更喜歡自己。

投入愛笑瑜伽推廣近十年來，我留意到我的家庭關係、親子關係、人際關係、職場關係，都變得比過去更好了，甚至連我的年收入竟然也突飛猛進，翻轉近十倍之多，我知道這一切都歸功於我把自己處理好了，一切都跟著更好。我更領悟到，大笑就像上天給我們每個人的禮盒，但需要一把鑰匙打開禮盒，愛笑瑜伽就是那一把鑰匙，但其實我們一直把鑰匙帶在身上，只是忘記放在哪個口袋，沒有拿出來用罷了。在我們小時候，我們似乎不需要拿鑰匙，看著螞蟻在地上排隊，也很有趣；下雨天用腳踩著地上的水窪，也很有趣。我們總能發現有趣開心的事，幸福快樂是被我們自己挖掘，不是別人給的，但我們需要練習找回這把鑰匙。

練習愛笑瑜伽，當大家團聚在一起，模仿日常生活中簡單的握手、打電話、倒牛奶、喝熱湯、找東西等等簡單的動作，然後哈哈大笑，看起來就像一個三歲孩子一樣，對生活中各種自然發生的事物，感到有趣。透過這一連串的練習，覺察每一個當下，歡喜面對生活中的各種變化，當情緒來的時候，就知道自己也該笑了。如此盡其所能，一切隨緣，透過轉念，讓生活更有樂趣、更順心，也讓人更願意珍惜與原諒自己身邊的一切人事物。

現在只要有機會到各地演講，我一定會分享刻在我心中的那句座右銘：「對自己笑是智慧，對別人笑是慈悲。」藉以鼓勵大家，甚至希望自己能用生命影響生命，並且理解到：發自內心的笑，是一件非常美好的事。笑容就像一道光，可以讓人看到希望。有一句古老的印度諺語是這樣說的：「你不能將黑暗從世界上消滅掉，但我們可以點燃一盞燈。」我想把我經歷的這一切轉變，寫出來跟大家分享，希望大家都能歡喜的打開自己的禮物，並好好享受。

3-5

最好的止痛藥藏在自己身上

用身體機制減少痛感

Story

「六億」在還沒有加入愛笑俱樂部學習愛笑瑜伽前，她的LINE顯示名稱就取作「劉六億」。當她第一次向大家介紹自己時，就說自己一生就是想要有六億元的財富。時髦的六億時常熱心幫大家拍照，而且總能拍出好照片，因為她不是拿起手機隨便按，還要幫大家喬姿勢、擺動作、編排位置，所以笑友們的團體照生動又有趣，不輸時下年輕人的網美照。出去玩只要有她在，大家回家後總能收到喜歡的照片。

其實六億有一段過去：她本來住在基隆，因為感情受挫，搬離傷心地，到新店與女兒同住。在一次因緣際會，來到我們三重的社區照顧關懷據點上課。當時的她不僅心裡的傷還沒好，又遇上車禍，加上頸椎開刀，全身是傷，人生盪到谷底。學習愛笑瑜伽的過程，我看她一直處於假笑狀態，進步不多，但她的善良與直爽令人印象深刻。於是我鼓勵她，把自己當成志工，多幫忙照顧老寶貝。於是她成為志工隊的固定班底，是我們很年輕的夥伴。後來據點為志工開辦正念覺察課程，她可以說是最認真的學員，每堂課都有所吸收、成長，並且將所學應用在自己的生活當中，甚至曾為了自己的改變，感動到流淚，並終於認識了自己，看清楚了許多問題的本質。

現在她變得不一樣了，不但從假笑變成真笑，一有壞情緒也能快快排除，過去長期依賴的安眠藥、止痛藥都減少服用了，並積極考取照服員證照，開始到需要照顧的長輩家裡服務。也固定來據點當志工，是愛笑寶貝團的基本成員；也接受台灣愛笑瑜伽協會的「笑長訓練」，與新北市政府社會局的「愛笑力講師培訓課程」。現在的她熱力四射，笑聲感染力超強，與剛來的時候這裡痛、那裡痛，愁眉不展的樣子實在差太多了。現在才認識她的人，應該沒人會相信她也曾經憂鬱痛苦過，也正因為自己曾經經歷過，所以更能同理體諒需要幫忙與陪伴的長輩。六億也時常鼓勵身旁的人，人生總要有點病痛，有點挫折，才能感覺活著，走過之後，更能把握珍惜當下。

依賴止痛藥減緩疼痛，當心上癮！

您也有疼痛的經驗吧！疼痛的原因相當多，不過治療上都一樣，先止痛，再治療。急性疼痛例如意外受傷、燒燙傷等，只要血壓、呼吸、脈搏等生命跡象都在安全範圍，優先止痛後經過回復，疼痛感會自然消失。但慢性疼痛通常持續三到六個月，也是臨床是上最常見的。國際疼痛研究學會（International Association the Study of Pain, IASP）曾做過統計，全球慢性疼痛患者占人口總數百分之十六到三十，這數字真是驚人，但也不誇張，從我們服用止痛藥的數量金額就不會感到意外。另外，癌症的疼痛，也早已被世界衛生組織列為癌症病人必須優先緩解的症狀，往往四個癌症病人中，就有三位痛到難以忍受，尤其到癌症末期，經常為多發性疼痛所苦。

根據不同疼痛部位，我們會尋找不同科別醫師作診治，不管能不能根治，為了要維持生活品質，服用止痛藥是很多人的經驗，但長期服用止痛藥的壞處不少，有可能掩蓋症狀延誤治療，藥物成癮、引起過敏、造血系統損害、損害胃、肝、腎臟功能。許多疼痛治療上很難立竿見影，目前為止無法根治，例如部分神經痛、僵直性脊椎炎、癌症、偏頭痛、緊張性疼痛、截肢痛、手術後疼痛、停經症候群等等，因此，許多時候我們要學會跟疼痛相處。

大部分人都有吃止痛藥的經驗，頭痛、關節痛、牙痛、經痛、偏頭痛等都會使用止痛藥，根據衛福部食藥署於二〇二二年做的統計，台灣一年止痛藥的支出金額高達四十億。雖然一般藥局買得到的止痛藥，主要成分為乙醯胺酚與非類固醇消炎止痛藥兩種，通常不太會上癮，但許多常以感冒糖漿當止痛藥來使用的老人家，反而有可能因為當中成分含有麻黃素、咖啡因而成癮。而醫院裡嚴重疼痛的治療，例如癌症病人，則會直接給予麻醉性的止痛藥，包含可待因、嗎啡等，當然也具有成癮性。一旦成癮，想要擺脫對相關藥物的依賴，就會變得非常困難。

不可輕忽老人疼痛帶來的危害

您也會時常聽到身旁的長輩喊著「這裡痛、那裡痛」嗎？往往聽煩了，容易以為他／她們在無病呻吟，或是習慣後便不加以理會，但其實這些老人疼痛，都反映著身體出現可能不同的病症，且經常都是所謂的「慢性疼痛」。大林慈濟醫院老年醫學科主任張舜欽醫師曾做過統計，其中八種疾病最容易引起慢性疼痛，包括肌肉骨骼疼痛、神經類疼痛、癌症引起疼痛、關節炎痛、心理性疼痛、臟器痛、慢性疾病、頭痛。而這些病症也因長輩身體機能退化，營養吸收效率差，身體一旦缺乏特定營養素，就很容易引發不同程度的疼痛，像是最常見的缺乏人體重要的神經系統維護、造血必須元素的維生素B12，就容易出現貧血，以及手腳痙攣、麻木、刺痛等症狀，若不儘早治療，除了讓食欲下降，使營養缺乏的症狀更惡化外，還會減少長輩對於社交娛樂的參與度，進而引起心理疾病，併發老年憂鬱症等。

國內外醫療診所最常見的疼痛診斷，大多引用唐尼（W. W. Downie）等人在一九七八年發展出來的疼痛等級量表（Numerical Raring Scale, NRS），將疼痛劃分成十等分，幫助醫師在問診時，判斷病患的疼痛程度，以方便進行下一步的診治。

然而，面對言語表達困難的失智長者，他／她們的老年疼痛比其他人更難被察覺，一旦被注意到時，往往病症已經相當嚴重，甚至已經到了難以治療的程度。長期的疼痛，對於這些說不出口的長輩來說，只能默默埋藏在心中。但其實透過照護者的細心觀察，還是可從失智長者的一些行為特徵，判斷可能出現疼痛。像是臉部表情出現歪曲的表情或緊閉雙眼，或是發出呻吟、喊叫、辱罵的言語，身體動作僵硬、坐立不安，以及拒絕與人互動，生活型態忽然改變，或是易怒或容易憂鬱等，都是疼痛的行為指標。美國老年學會（American Geriatrics Society）的持續疼痛專門小組（Panel on Persistent Pain in Older Persons）曾於二〇〇二年，舉出認知障礙老人常見的「六大疼痛行為指標」：

Tips

疼痛等級量表

0-10分的疼痛數字排序

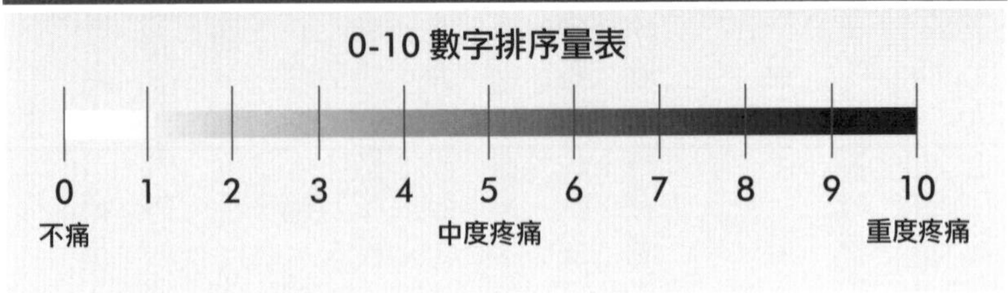

Tips

認知障礙老人常見「六大疼痛行為指標」：

一、臉部表情，例如：輕微皺眉，傷心、受驚的表情，怪相、前額有皺紋、闔上或緊閉眼睛，任何歪曲的表情，快速地眨眼睛、掉眼淚。

二、以言語、聲音表現，例如：嘆息、嗚咽、呻吟，發哼聲、吟唱、喊叫，吵雜的呼吸聲，尋求幫忙，言語性辱罵。

三、身體動作，例如：僵硬、緊繃的身體姿勢，防禦的動作，坐立不安，踱步情形增加，搖晃，受限制的活動，步伐或移動型態改變。

四、人際互動的改變，例如：侵略的，好鬥的，抗拒照護，減少社會互動，社交方面不適當，破壞，孤立。

五、活動型態或常規的改變，例如：拒絕進食，食欲改變，休息時間增加，睡眠、休息型態改變，突然中斷平常的日常活動，遊走行為增加。

六、心智狀態改變，例如：哭泣或掉淚，混亂增加，易怒或憂傷。

（由高雄醫學大學護理學系林佩昭副教授、國立陽明交通大學臨床護理研究所林麗嬋特聘教授於2008年翻譯整理）

如果長輩親口跟您說身體疼痛，表示他的感知、溝通能力都還正常，但我相信，有許多早年苦過來的長輩，即使身體有任何不舒服，也不會輕易向晚輩開口，只為了不想增添麻煩，或是不願求診，還是得透過經常性的探視與觀察長輩的行為變化。如果發現任何異樣，請儘快帶他／她們至老年醫學或家庭醫學科求診，儘早釐清疼痛的原因，對症下藥，讓長輩遠離疼痛所帶給生活的不愉快，甚至導致憂鬱。

大笑刺激分泌腦內啡，奇蹟克服疼痛

除了找尋疼痛專科積極治療，還有一種身體的天然止痛劑，效果比嗎啡還要強十倍，我們應該好好拿出來使用，那就是腦內啡（Endorphin）。而刺激身體產生腦內啡最簡單的方式，就是大笑，但在身體疼痛情緒低落時，如何開心大笑？這個問題可以從愛笑瑜伽練習中找到解答。衛福部立台中醫院的腫瘤科曾特別為癌症病患與家屬，設立「台中醫院愛笑俱樂部」，每週四下午三點到四點，都有台中市愛笑瑜伽協會的志工前來帶領愛笑團練，練習沒有理由的大笑，並藉由瑜伽呼吸與肢體動作的引導，讓癌友與家屬得到除了藥物以外的止痛經驗。從生理的角度來說，是身體產生腦內啡，但從心理的層面來說則是保持愉悅心情。跟所有的運動一樣，笑也需要練習，尤其要笑的時間更長，笑的帶動全身肌肉，笑的促進腦內啡生成。如果您也正在跟疼痛奮戰，應該要試試看找尋身體裡最天然的止痛藥「腦內啡」。

日本香川縣大笑瑜伽導師山元由美，希望讓她的第四個孩子在笑聲中誕生。這項好消息不僅家人相當期待，許多笑友也透過網路一起陪伴著這一家人，尤其她決定以自然生產的方式來迎接這個新生命，並希望全程透過大笑來減少疼痛，但分娩時的疼痛堪稱是人類能忍受之最大痛度，如果疼痛指數共分為1－10分，1分為打針，自然產則為10分，等同自焚與斷手指。曾歷經生產過的女性朋友一定都能體會，所以許多人選擇用無痛分娩的方式來減少疼痛，但她卻選擇挑戰，企圖證明大笑的驚人力量。

這個美麗的心願終於在二〇二四年的二月二十日實現了。她在分娩的陣痛期間，笑友們透過網路，跟著她一起大笑，替她加油，而她的三個孩子也陪伴在側，一起用大笑替媽媽與即將來到這世界的妹妹加油。整過分娩過程，她一直大笑著，直到痛到極點，必須使用腹部力量將胎兒從子宮推出產道時，她雖然笑不出聲音，但她依然保持嘴角上揚。當新生胎兒離開產道時，連臍帶都還未剪除，助產士就將嬰兒放在母親的胸前，此時母親與所有的孩子一起高舉雙手喊出：「非常好，非常好！耶，快樂、快樂！耶！」剛出生的女嬰同時哇哇大哭，就像告訴大家：我也來跟大家一起笑了喔！

山元由美辦到了，她在經歷人生最疼痛的時候，依然帶領家人與笑友一起大笑，她見證並體驗了「假笑也能令身體產生腦內啡的奇妙作用」，讓在場所有人動容！而她在大笑中分娩的過程與經歷，提供了我們最棒的啟示，只要願意大笑就能改變生理的狀態，並有機會讓假笑變成真笑。俗話說：「人在哭聲中來到世界，也在哭聲中離開世界。」山元由美改變了這件事，她成功讓她的孩子在笑聲中來到這個世界。

第四章

愛笑力在新北萌芽、茁壯

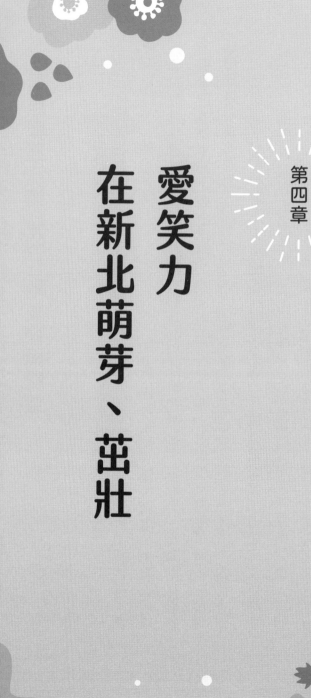

4-1

從發起愛笑俱樂部到正式成立協會

長照服務三據點的在地經營與關懷

因身體機能衰退，年邁的長輩相對容易生病，讓不少人只要提到「長照」，都會先想到「生病、看醫生……」等字眼。受惠於相對完善的健保制度，台灣人能以低廉的費用受到醫療資源的照顧，都會區的醫療診所密度也很高，鄉間也有衛生所與醫療巡迴車補足醫療網絡，但這都不應該是讓「看醫生」這件事情，在台灣變得稀鬆平常的原因。

我相信沒有人喜歡一天到晚都跑醫院看病，長輩也是如此。但如何改變許多老人家「出門就是要去看醫生」的現實狀況？如果能有多一些促進健康，又能滿足休閒娛樂需求的銀髮據點，讓長輩願意主動前往，並因此找到老後的生活重心，讓身心靈都能達到健康狀態，自然不需要太常跑醫院。就如同在本書中好幾個章節都有談到，許多老年好發疾病都是可以透過改善生活型態、增加活動量、避免憂鬱等方式，來提前預防與延緩退化，進而減少健保大量的支出，將醫療資源留給真正需要的人。

因為我自己經歷過父母為老年憂鬱、失智所承受的痛苦，加上公婆也邁入需要人照顧的階段，我變得非常在乎身旁的長輩們是否都有妥善的照顧與陪伴。儘管政府不斷檢討、調整長照政策，目前也已經來到「長照2.0」，但我仍看到民眾對長照觀念的薄弱，以及社會關懷網絡的不足，都加深了我想要多為長輩們做些什麼的意念。畢竟時間不會等人，我不希望再看到還有其他長輩跟我爸爸一樣，苦了一輩子，老了卻還來不及享福就離開的悲劇一再上演。

從自私到無私，老老互助精神獲得認同

為了讓我的阿娘能從父親自縊的衝擊走出來，也鼓勵我那些年長的廣播節目聽友不要把自己關在家，當時我每週都回到基隆，帶著阿娘與其他長輩運動。後來開始接觸、學習愛笑瑜伽，並在接受台灣愛笑瑜伽協會的笑長培訓課程，取了

笑名「抱抱熊」。正式成為「笑長」後，二〇一六年，我選擇了我工作的地點：三重，發起「三重愛笑俱樂部」，在三重綜合體育場司令台旁的大樹下，每週一上午九點到十點，帶領一群長輩一起「Ho Ho Ha Ha Ha」，不僅吸引住在附近的長輩來；透過我在廣播節目中的積極宣傳，還有許多住在汐止、南港、新店等地的長輩也克服舟車勞頓，來跟我們一起團練愛笑瑜伽。已被診斷出認知退化的阿娘，也每週遠從基隆搭車來到三重運動，她身體不但越來越好，也結交到新朋友，讓我對她越來越放心。

但長輩們一大早出門，千里迢迢來參加愛笑團練，然後就回家，我覺得太不符合經濟效益了，於是，我在體育場附近的巷子裡租了一間教室，讓大家可以一起用餐，下午上一堂課後再回家。一週五天，除了我自己以外，我還請肌耐力教練、手作老師來幫大家上課；也請物理治療師、醫生、藥師來演講，教大家保健常識。多元化的課程，加上完全不收費，很快就在社區傳開，教室也不敷使用了，人滿到教室外面了，這一路經歷許多問題，像是里長以為我要來競選踢館的敵意、居民針對噪音抗議、質疑據點不能開在社區，加上免費午餐導致用餐人潮爆滿、而後經費短缺，據點講師不足等等考驗，很感恩時任新北市社會局老人福利科的劉彥伯股長，特別來到據點拜訪，給予我們不少寶貴建議；我也是在這段期間，與素有「全國最懂老人關懷據點」的中華金點社區促進聯盟洪禮錝理事長結識，他輔導我順利申請到社區照顧關懷據點補助，連結上政府資源，不再單打獨鬥，正式加入長照2.0的社區關懷網絡。

我自己也不斷進修學習，只要是想讓長輩學的東西，自己都先學過，甚至去考證照，也是因為自己越來越專業，才發現長輩的老化過程當中，許多可能會發生的疾病與照顧問題，對此調整課程內容。但長輩的自理能力與認知功能程度不一，我很快發現需要一些不同的安排，像是針對認知功能退化的長輩，開辦憶起學堂，並向衛生局申請失智社區服務據點的補助，導入各種預防延緩老化模組課程。

剛開始雖然困難，但我一直秉持著，沒補助也要經營下去的決心，因為我看到阿娘有人陪，上課還能結交新朋友，生活變得很不一樣，認知退化的狀態也獲得改善。這絕對不是因為吃藥，而是共生、共學、互助的效果。我不只能讓阿娘開心，也能照顧聽友與社區長輩，讓我一開始的自私有了無私的結果，所以不管花多少錢，只要能支撐過去，就值得繼續做。我常常一早帶大家到操場運動，回到教室後提醒長輩們：「要乖乖上課，這樣我才能放心去上班喔！」果然大家都很珍惜，甚至自動自發打掃，維持環境清潔，把這裡當成第二個家。

有第一個據點之後，接二連三的成立新劇點，可以說是天時、地利、人和。當疫情來襲，被我們照顧的長輩與志工，統統要在家上課，我們透過線上課程每天與長輩互動，更讓家屬能近距離接觸協會。除了服務長輩之外，我也與家屬們變成朋友，當區公所長官找上門，要我們多承接幾個關懷據點時，我便有了站長人選，因為他們跟我一樣，都想照顧自己的爸媽。經過培訓，大家都很快就上手了。我都說，只要抱持以照顧自己爸媽的初心，來據點照顧長輩就對了！而且我們都發現，如果要跟自己爸媽說什麼道理，千萬不要自己來，因為很可能都會被打回票，但是只要教室的老師講兩句鼓勵的話，長輩的壞習慣可能馬上就改正，真的非常有趣。透過團體的力量照顧長輩，真的比自己單打獨鬥好太多了。這也是我寫這本書的目的之一，希望更多像我一樣的中年人投入社區長照服務，提早接觸社區長照網絡，對自己的長輩有益處，對未來自己的老後也非常有幫助。

我一直提倡「老老互助」精神的重要。據點雖然以年滿65歲長者為關懷對象，但若長輩未滿65歲，可先以志工身分投入，畢竟年長者最清楚與自己同為年長者的需求；在服務時，都格外有耐心、仔細。甚至不少已超過65歲、70歲的長輩仍持續擔任志工。我們有不少高齡志工已將服務他人視為畢生志業，為了能提供更進階的服務，也積極考取專業證照，如體適能、照服員等，讓「老老互助」與「活到老，學到老」精神在我們據點結合，並且擴大實踐。

平日我們在各據點安排的活動，主要是讓長者增加行動強度，與提升認知功能的各種防延緩老化課程，像是肌耐力、瑜伽、彈力帶、健走杖、桌遊、繪畫、爵士舞、肚皮舞、珠算、書法、手作等等，更期盼長輩們能多嘗試各種「能做到的事情」，例如組成千歲大樂團（敲空靈鼓、打爵士鼓、非洲鼓、手搖鈴等等）、宣導長照資源使用與醫療資療連結，邀請長照個管師、醫生、心理諮商師、營養師、職能治療師來據點做健康、心靈成長等演講，甚至邀請幼兒園小朋友來據點陪伴長輩，課程不斷推陳出新，引導長輩維持學習樂趣，甚至老有所用，前進至其他養老機構服務。

4-2

以大笑為名所發起的行動

大笑比賽與大笑馬拉松

我們都知道，「笑」是具有感染力的。一個群體內如果有愛笑的人，相信不久就能影響到周遭所有的人。但如果是要讓本來不愛笑的人，透過刻意的假笑練習，找回曾經擁有過的笑容，養成愛笑的習慣，就需要特殊的方法、手段，於是我在愛笑瑜伽找到了答案。

當初我會想接觸愛笑瑜伽，也是希望能先從自己做起，讓自己變成群體中那個最愛笑的人，看看能不能帶著包含我的阿娘、其他家人，甚至身邊的親朋好友，一起擺脫憂鬱，放開懷大笑。但我發現，我越是急著要達到目的，反而笑的不是很自然，甚至一度迷失自我。於是我選擇參加台灣愛笑瑜伽協會的笑長培訓，透過卡塔利亞醫師編撰的教材，從中重新認識「笑」的原理；並配合專業的引導，一步步讓身體習慣大笑的感覺，不知不覺中，我開始笑的很自然，我身邊的人也因為我的改變，跟著開懷起來。

愛笑瑜伽幫助了我重新找回笑容，我也希望能有更多人一起來感受愛笑瑜伽、大笑的魅力，進而擁抱健康。三重愛笑俱樂部、新北市愛笑瑜伽協會，以及幾個據點的運作皆已逐漸上軌道，我身旁也聚集了一群熱心的愛笑老寶貝，還有長期支持我的廣播節目聽眾，於是「舉辦以大笑為主題的活動」，這個想法便孕育而生。

大笑比賽，加強愛笑力傳播

二〇二三年，輪到我們新北市愛笑瑜伽協會承辦台灣「世界愛笑日」大會。身為愛笑瑜伽在台灣正式立案的第三個人民團體，如果只是把大家從全台各地大老遠邀請來三重大笑、表演，實在很可惜；因此在籌備過程中，我不斷在思考，如何讓活動效益極大化，並且帶給大家一次難忘的世界愛笑日。看到其他國家的愛笑俱樂部舉辦的大笑比賽，對於刺激活動宣傳、增加參與度等，效果都非常不錯，於是也讓我有了二〇二三年世界愛笑日在新北，同步舉辦第一屆的大笑比賽的起心動念。

比賽規則很簡單，只需參賽者拍攝並上傳一段十五到三十秒、「發自內心喜樂的笑聲」的影片，讓大家透過影片就能感受到滿滿的大笑即可；並有初選、複選到決賽三關賽制。我們邀請同樣非常關注長照議題的知名演員唐從聖、王滿嬌代言，並舉辦記者會、操作好幾波網路宣傳後，吸引超乎預期的徵件數量，更有不少參賽者是各地愛笑瑜伽俱樂部以外的組織或個人。在收件截止日當天，累積收到超過五百支參賽的大笑影片。經過專業評審審查，進入二階段的投票，最後選出五組參賽者，在世界愛笑日當天上台進行大笑決賽。我們也請大會代言人唐從聖、王滿嬌與輔大心理系黃揚名副教授、聯新醫院運動醫學中心主任林頌凱等專家一同加入評審團，並根據參賽者大笑的創意與感染力來給分。最後選出個人組二名、團體組三名。個人組與團體組的第一名，分別來自台南的吳淑美（笑名：Amy）笑長，以及永康愛笑俱樂部。而來自高雄小港的長照關懷團體「鳳林觀音慈愛會」雖僅得到團體組第二名，但該團隊不但不是隸屬愛笑俱樂部體系，成員平均年齡超過80歲，特地包遊覽車北上，共襄盛舉，精神令人十分敬佩。獲得個人組冠軍的吳淑美笑長，也不藏私與大家分享，如何笑出最自然又最有影響力的笑容。適逢Covid-19疫情剛結束，現場大家紛紛摘下口罩，將自己最真誠、美麗的笑顏互相展示；而當時遠在印度越洋連線的卡塔利亞醫師與各國笑長，更是透過視訊，見證台灣的愛笑力。

雖然比賽總是要分高低，得獎結果也是幾家歡樂幾家愁，但大笑比賽的重點不是誰輸誰贏，而是讓來自全台各地的長輩，紛紛拿出手機，拍攝自己最滿意的大笑影片，並上傳與他人分享，透過積極拉票、催票的動作，也成功將笑容向外渲染，讓愛笑瑜伽的魅力走出愛笑俱樂部的同溫層，更帶動全台灣的長輩一同見證大笑帶來的好處。我相信平常不是所有人都會把自己大笑的畫面拍下來，但藉由這次比賽，也讓不少笑友在準備參賽影片的過程中，開始調整自己大笑的方式，使自己笑得更自然，讓愛笑瑜伽的學習，能加速從假笑過渡到真笑，並真正將大笑與自己融為一體。

大笑馬拉松，挑戰愛笑力，更挑戰毅力

不少愛笑瑜伽的笑友，都經歷過很長時間「假笑變真笑」的過程，才讓失去

已久的笑容重回到自己身上，尤其是那些上了年紀就越來越不愛笑的長輩們。我自己也經歷過這段時期，甚至還曾發生過，有一段時間我在每一集廣播節目中嘗試大笑給大家聽，卻反遭聽眾抱怨說我笑聲很假，叫我不要再笑的糗事。

為了幫助所有練習愛笑瑜伽的笑友，能笑得更自然，並盡快將大笑變成一種習慣，於是我向莎拉（蕭甄珍）笑長與OK棒（陳達誠）總笑長提議，在全國笑長群組中，發起「大笑馬拉松」活動，邀請有興趣的各地笑長、笑友參加，並舉辦活動讓他／她們分享經驗。活動要求參加者每天都要做到大笑十五分鐘，並錄成影片，上傳到群組分享，持續至少四十天，讓親朋好友一起幫自己的挑戰做見證。聽起來很簡單，但實際上很考驗每個人的毅力。

「大笑馬拉松」活動，其實是台灣愛笑瑜伽協會笑長培訓的項目中的單人「大笑連續四十天挑戰」，每次同樣要笑滿十五分鐘才算合格。至於為何是四十天與十五分鐘？我根據卡塔利亞醫師的解說所做的解讀，四十天是任何習慣養成需要的時間；如果重複進行任何活動且連續四十天不間斷，那麼這將演變成一種新的習慣。這些重複性的動作會讓大腦產生新的神經元聯繫，釋放令人感覺到開心的神經肽及荷爾蒙。而一次要大笑十五分鐘，則是因為如果笑不夠久，大腦和身體無法分泌快樂的神經傳導物質，如腦內非、多巴胺、血清素等。至於為什麼會強調是單人？其實這也是卡塔利亞醫師在全球推廣大笑瑜伽時，注意到有不少想要一起學習的人，因各種因素無法參與大笑俱樂部的團練，才發展出這種在家就可以自己練習的單人大笑瑜伽。

在開始大笑前，要先進行呼吸練習。讓氣氣深入肺部，並且延長空氣留在肺部的時間至極限，到近乎窒息的程度，再一口氣將廢氣排出，如此能有效清除殘留在肺部的空氣。接著將下巴抬高，因為抬頭能讓笑得更容易。這樣能夠促使呼吸管道變直，讓氧氣輸送更順暢。再搭配往上張開雙臂，做出開心的肢體語言，用身體刺激大腦，產生讓人開心的化學作用。

容易生氣的人，常為小事發脾氣；習慣悲傷的人，經常會因為同一件事情而哭泣，因為他／她們不斷在同一個迴路打轉，同樣這個道理，不斷練習大笑的人，會越來越容易放輕鬆，快速轉換情緒，建議大家也可以試著做做看。我期望以上的兩個活動能讓更多人快速找到讓自己快樂起來的方法。也歡迎您上網找尋各項資訊，來幫助自己重拾笑容。

4-3

「老老互助」的愛笑寶貝志工團

前進各地養老院，散播歡樂與愛

人多的地方通常比較熱鬧，但有個地方就算人多，往往也安靜的讓人感到絕望。這就是我這些年來勤跑養老院的感受。在養老院，一排排坐在輪椅上的長輩，圍在大廳看電視，很少看到交頭接耳聊天的人，明明很多人卻很安靜，難道他們都不聊天的嗎？

我訪問過一名失親的老大姐，她說：「都沒有人跟我說話，我好孤單。」她唯一的快樂，就是每星期去美容院洗頭時，老闆娘親切的跟她聊天的時光。我們鼓勵她多和鄰座的住民聊天，但她拒絕，因為說不上話。原本我以為她需要先改變態度，才能改善這個孤單的狀況，但後來發現那群圍在電視機前的長輩們，到底有幾個是沒有失智、失語、憂鬱？幾乎沒人知道。彼此也沒有相互熟悉的機會，很難奢望這群長輩們彼此多互動。過去，生活能自理的長輩願意住到養老院的，畢竟是少數，一旦住進養老院，要交到好朋友更是不容易。因此在養老院的長輩，心裡孤單寂寞在所難免。他們的不語，其實呈現出對生命的無奈與無力。難道住在養老院裡就會變得沒有未來，沒有想法，沒有動力嗎？其實不然。

在一次養老院的服務中，一位看起來還稍微年輕的大哥，因中風後不良於行，也坐在輪椅上。在我靠近他的時候，他告訴我，坐在他旁邊的長輩已經失明；我馬上改變互動方式，牽起這位失明長輩的手，讓他能感受我們的熱情。當下我意識到，這些長輩們不是刻意要孤僻，只是缺乏牽動彼此互動的氣氛與機會。我們既然勤練了愛笑瑜伽，如果能把歡樂帶進養老院內，或許就能改變死寂的氣氛，也讓我的愛笑老寶貝們能發揮愛心、展現自信。

我曾參加老人福利聯盟獨立倡導人計劃，獨自到養老院探視沒家屬的機構住民，對環境越來越熟悉之後，我鼓起勇氣帶著據點的長輩還有我阿娘，一起到養老院服務，並成立了「愛笑寶貝志工團」。為什麼叫「寶貝」呢？一群能為別人服務的老人，能服務別人就是福氣，他們不僅懂得對自己笑是智慧，更懂得對別人笑是慈悲，當然是寶貝。

愛笑寶貝志工團，用生命影響生命

長輩搬去養老院是為了生活可以有人照顧，但心理層面上的孤單、寂寞，對未來的無力感，院內的工作人員、看護們卻幫不了忙。因此我希望愛笑寶貝志工團進到機構裡，不只是表演給機構住民看，希望更進一步透過簡單的大笑動作、一起玩遊戲、一起唱歌，帶起更多互動，產生更多連結。有些機構住民其實原本很活潑，也有專長，例如跳舞、唱歌、吹奏樂器，但平常沒有表現的機會，我們就會特別安排，讓他／她們可以好好展現自己，與大家同樂。每次握到機構長輩冰冷的手，我都會加碼再給他／她們溫暖的笑容、笑聲、握手、拍手、擁抱，我相信任何人在這樣的直接接觸下，都能感受到溫暖的。到養老機構服務的愛笑寶貝志工團成員，也都是上了年紀的長輩，更能體會機構住民的苦悶。除了身體很健朗的志工，也有罹患帕金森氏症、或是剛從中風康復不久，仍須倚靠拐杖才能行走的長輩，甚至得到癌症的長輩，年齡最大的成員已經83歲；他／她們都以自身經驗，鼓勵那些同樣遭受病痛折磨的長輩，不要放棄希望，勇敢活下去，並且勇於接納老化，保有赤子之心。這些愛笑寶貝在鼓舞他人過程中，自己似乎也更加有活力。甚至還發生過，有人開懷到忘記把枴杖帶回家的趣事。在我們服務結束要離開前，經常出現雙方都掉下眼淚的情況。當我們再次走進到訪過的機構，有住民對我們微笑認出我們，努力地舉著已經無力的雙手，用微弱的聲音跟著「Ho Ho Ha Ha Ha」，甚至收到住民親手寫的感謝卡。每當愛笑寶貝志工團大笑時，院內的長輩們也一起大笑起來，那份感動難以用言語形容。正所謂愛出者愛返，福往者福來，我希望我們彼此都能找到繼續活著的動力，並擁抱人生。

草創初期，有愛笑寶貝志工團的成員為了不耽誤其他人的行動，而自行騎機車前往服務地點，甚至有人提早自己先搭公車去熟悉路況，為了服務別人，他／她們真的突破許多困難。我很擔心老寶貝前往服務路上的交通安全，即使沒有任何政府計劃支持，我還是盡我所能，叫計程車接送老寶貝們。目前愛笑寶貝志工團的成員超過三十位，固定服務單位超過二十五個，地點遍及新北與台北市，時常有許多單位不斷邀約。我很感謝已有企業看到志工團的努力，主動贊助支持。台灣一起夢想公益協會也幫忙發起募資計畫，期望能有更多支持者定期小額捐款，幫助愛笑寶貝志工團，讓更多的長輩也能被這股愛笑力感染，進而擁抱生命。

「愛笑寶貝志工團」，以愛為出發、大笑當運動，走遍新北市各地的走遍各地養老機構、日照中心、社區照顧關懷據點，把愛笑力的種籽四處撒播。二〇一六年成立至今，截至二〇二四年五月，服務累計已達到七百二十四次，服務總人次更已破萬。

Tips

愛笑寶貝志工團定期定額捐款募資（台灣一起夢想公益協會）

https://510.org.tw/donations/qrA5

愛笑力種子講師培訓計畫X愛笑力前進機構計畫

如果您也想加入服務的行列並成為講師，可以參加由新北市社會局推出「社區動健康」系列方案，接受培訓成為在地中高齡志願服務人力，投入社區照顧關懷據點、銀髮俱樂部、松年大學服務。社區動健康有七個方案，包含「肌耐力」、「自癒力」、「護身力」、「智慧力」、「甩活力」、「心創力」及「愛笑力」，讓新北市的長輩都能再造「銀色奇肌」，期待能夠預防、延緩老人失智、失能，並活化社區。

其中「愛笑力」就是由我們新北市愛笑瑜伽協會來培訓，目前第一、二期的計畫已經結案，成功培訓出近百名愛笑力講師。由於成果相當豐碩，第三期的計畫也已於二〇二四年展開。講師除了在社區照顧關懷據點服務，也配合前進機構計畫，未來讓各據點的亞健康長輩學會愛笑瑜伽後，隨同愛笑力講師，一起進入當地的養老院服務，實現老老互助理念。很榮幸能有新北市社會局的大力支持。長輩不僅自己學會快樂，也能成為分享快樂的愛笑寶貝志工團成員，不斷複製協會的成功模式。我很期待，未來能讓更多新北市的長輩，不管在社區裡的照顧關懷據點，還是在日照中心學習，甚至在養老院接受照顧，他們都能學習愛笑瑜伽，感受「愛笑力」所帶來的好處與樂趣。

愛笑寶貝志工團出任務

不服老的動人生命故事

儘管起初我發起愛笑寶貝志工團的目的，是希望長輩們有事可做，並發揮「老老互助」的精神，將愛笑瑜伽的活力、愛笑力散播至各地養老院、安養機構，但我後來發現，這群老寶貝不僅充滿服務熱忱，他/她們背後各自的生命故事，以及服務過程的點點滴滴，都令人感動，也讓我自己對服務長者有了更多的學習。現在就讓我們來閱讀這群老寶貝們精彩的的生命故事吧！

莎拉——自控力極佳的最強單身貴族

她的爽朗笑聲，總能讓人群自動靠過來。天生愛笑的莎拉笑長跟我一樣，都是爸爸最疼愛的小女兒，個性樂觀開朗，勇往直前。第一份工作就被派到日本，她完全沒拒絕，一去就待上好多年，就業兼就學。直到想家，轉職回台灣時，已經三十幾歲了。但台灣的職場生活令人疲乏，實在太不有趣了，她還不到五十歲，毅然決然退休，回家照顧年邁雙親。過程中，她有很多感慨，她的母親臥床的日子，長達七年，她說自己絕對不要這樣老，就這樣離開人世。

她很會跟自己相處，也不斷開發自己的潛能，學芳療、認識自己的身體、當講師、學演戲，甚至接下兒童劇團，在圖書館裡服務孩子們；她也擔任愛笑瑜伽講師，與陳達誠總笑長訓練出多位笑長，以及上百位新北市愛笑力講師。她總懷著一顆好奇心，什麼都有興趣學一下，而且不喜歡我們稱呼她「老師」，總說她還在學。但我最佩服的，是她跟自己相處的能力。她曾分享在疫情期間，每天除了上線跟大家大笑之外，一個人吃飯、一個人走路，一個人運動，什麼事都一個人做。每天跟自己在一起，覺得超級開心。

現在她的雙親都不在了，獨居在父母留下來的房子。忙起來的時候，她一整週都得出去講課，包含經營了十五年的台北市國父紀念館愛笑俱樂部，她也絕對不放棄，持續前往帶笑友們團練。有些老笑友更在她的長期陪伴下，笑著離世。

與她相處久了，可以輕易的感覺到，她對自己的人生非常滿意，隨時都自由自在，而且自制力很強，一早起床就大笑十五分鐘，自我訓練，紀錄保持已連續超過三百天了。為了舉辦世界愛笑日活動，加上第一屆大笑比賽，我跟莎拉笑長展開全台拜訪笑長之旅，二十四小時內從台北到台中，再到南投和台南。我羨慕起她的自由自在，她說：「放的下就自在啦！不必太多夢想，健康平安，隨時找樂趣。」

也許活在當下，就是像她這樣吧！我跟她約好，以後要一起愛笑環島，到全台各地去找笑友玩耍，也希望以後能一起出國拜訪其他國家的笑友。

活跳跳——把志工服務做好做滿的好好先生

什麼是夥伴？就是有共同理念且能一起努力的人。「活跳跳」是我的好大哥，如果沒有他，應該不會有三重愛笑俱樂部。當年開始學愛笑瑜伽，天天在節目中練習大笑十分鐘，連自己都覺得難聽的時期，他不僅沒嫌棄，還鼓勵我，在我公司所在地的三重，成立愛笑俱樂部，也尋覓到三重綜合體育場的司令台旁成為團練地點。

這些年來，我與活跳跳大哥一起完成很多不可能的任務，從無到有成立協會、開創愛笑寶貝志工團，一起經歷、一起成長，每一步他都不離不棄，鼎力相助。因大部分的志工都是長輩們，年紀都比我們大，身為志工大隊長的他，壓力不小，要領導可不容易，但我看到他的智慧，以及與微笑曲線一樣彎曲的柔軟度，就算對方板著臭臉，他也是面帶笑容，好聲好氣。

記得據點剛經營第三年，要搬遷到更大的一樓空間，開幕活動前一晚，我們在門口布置花盆與三角錐，搞不清楚是否占用到隔壁商家的空間，但對方已大聲喝斥要我們搬走三角錐，只見活跳跳帶著笑容，默默移動三角錐。他說：「讓一點沒關係，以和為貴。」還有一次長輩因為團體外出，不滿意車班的安排，也是對他開口就罵，但活跳跳總有辦法讓長輩怒氣全消。

愛笑寶貝志工團已經服務超過七年，累計七百多場次，一切安排與規劃全靠他處理。我曾問他，為什麼這麼投入服務？他分享，自從癌症康復之後，就覺得人生沒什麼好計較的，當年他當廚師還開店，忙到沒日沒夜，直到罹癌之後，被迫放下工作，才知道什麼叫休息。現在的工作壓力不大，孩子也都成家，六十歲就當上阿公，他很滿足，也覺得服務長輩能學到很多，很幸福。

活跳跳也為自己退休做準備，開始接受培訓，希望退休之後，可以無縫接軌進入社區照顧關懷據點擔任講師。轉眼將近十年過去了，他從大叔變阿公，也從志工大隊長到接任我的棒子，成為新一任協會理事長，也準備好未來繼續深入社區服務。已經考取了照服員證照，透過照服員實習的機會，活跳跳又更深入體會，住在機構裡的長輩的生活是怎麼回事，他希望自己以後不會需要別人幫自己洗澡，不但要一直保持活跳跳，還可以服務別人，畢竟「施比受更為有福」。

無尾熊——以專業態度自我要求，志工服務也不例外

元宵節時，我們在據點舉辦慶祝活動，煮湯圓給長輩吃，也帶長輩們做點簡單的手作。一直都很支持我們的愛心主播劉盈盈邀來她的好姐妹Makiyo，來到據點與長輩們同歡。活動結束後，年輕的工作同仁與來採訪的娛樂線記者朋友們，一起歡唱卡拉OK，還點了Makiyo的成名曲「養我一輩子」，不僅年輕一輩的朋友沉醉在回憶裡，未必聽過這首

歌的七十多歲的無尾熊笑長與其他長輩，也跟著輕快的旋律，互相拉著手，跳起舞來了。

看似浪漫的無尾熊笑長，其實是一位充滿戰鬥力的長輩。她年輕時曾獨立創業，服務於幼教領域。儘管只有國中畢業，但她自學開車、國語發音、鋼琴、電腦、演講，成為照護員等等。令人意想不到，她在30歲時，還曾是一位靈媒，每天都和鬼神打交道。她尊重鬼神，但也沒有因此而變得唯神論、迷信無理。過去曾長年照顧中風的伴侶，並養育兩女一男，直到兒女成家，老公病逝，70歲開始成為獨居老人。她向來不喜歡跟晚輩伸手，即使年過75還能獨立自主，卻也因此一度憂鬱，直到接觸了愛笑瑜伽後才逐漸改善，並且接受笑長訓練，參加愛笑力講師計畫，成為培訓志工的種子師資。

無尾熊笑長在還沒來據點當志工前，就是講師級人物，只要有她在的地方，就熱鬧滾滾。每當她在演講、帶活動時，總是散發著獨特的舞台魅力，並且能夠說出當事人的苦悶，與理解他人的心情，進而設計出適合任何人的課程與教材，並給予建議。她學習愛笑瑜伽之後，身段變得柔軟許多，更能影響身邊眾多長輩夥伴。她目前也是我們據點最高齡的講師，自從開始投入據點服務之後，又努力進修，考取由台灣全適能運動健身協會核發的五張專業證照，也曾向日本腦神經外科醫師學習認知功能退化者的照護。比許多年輕的愛笑力計畫培訓學員，無尾熊笑長更受到授課單位青睞，甚至還會引薦她到別的社區照顧關懷據點上課。

除了參與愛笑寶貝志工團到新北市各地養老院、安養機構服務，善於表演的無尾熊笑長，還擔任我們協會「噗攏共千歲綜藝團」的領隊。平時在據點就能看到她帶長輩們練習歌舞，每次有活動時，噗攏共千歲綜藝團的表演節目更是不曾缺席。她兒子蔡嘉憲早年跟著她一起經營幼教事業，目前擔任我們光榮據點的站長。長年受媽媽嚴謹的做事態度影響，他把據點的大小事務打理得井然有序。我真心覺得有無尾熊笑長與蔡嘉憲站長母子在，是我們協會、愛笑俱樂部的福氣，更是穩定據點運作很重要的後盾。

羊咩咩——晚美人生，四道之後，還要做什麼？

總是笑臉迎人的羊咩咩笑長，是一位潛心付出的佛教徒，募款講道，她不遺餘力。我認識的羊咩咩笑長，在還沒有踏入愛笑瑜伽的笑園前，就是一位慈眉善目的和藹長者。她65歲那年在養老機構幫忙弟子規暑期爺孫班講課，剛好下個活動是由新北市愛笑瑜伽協會分享愛笑瑜伽，我們因此認識，也讓她開始接觸愛笑瑜伽。後來更努力接受培訓，成為笑長。

幾年下來，我沒看過羊咩咩笑長停歇下來，她總是在講課，不然就是在受訓、回訓，同時仍從不間斷到養老院服務。以前講佛道，現在直接笑，給長輩最直接也最簡單的幸福。羊咩咩笑長走到哪裡都很受歡迎，不管是帶長輩大笑，或者倡導晚美人生四道、解說預立醫囑與遺囑，她都樂此不疲，甚至還考取新北市政府社會局各項種子教師的證照（肌耐力、甩活力、心創力、愛笑力），也參加弘道老人基金會長者導師、揚生慈善基金會銀齡大使「咖棒」帶領人、蒙特梭利認知悠能法高級等機構的認證資格。另外，她也考取了衛福部各項延緩失智失能講師證照，還是樂齡運動健身教練指導員。她說學習是喜悅的，學無止境，也期待透過更有內涵的自己，可以實質的幫助更多長者。

記得羊咩咩笑長在67歲那年，因為跌倒，髖關節骨裂，手也受傷，診療過後，她依然帶著傷來上課，還成為我身邊第一個去健身房找教練做肌力訓練的長輩，更成為長者肌耐力講師。她經常穿著成套的運動服，戴著時尚帽子，從外表看不出她71歲了。她先生是癌症患者，身為家庭照顧者，還能兼顧自己想做的事，也在與家庭間取得平衡。在她71歲這一年，完成預立醫療決定書。她說：「我會繼續認真的去做晚美人生的倡導人，這是利己也利他的工作，也是使命。用樂觀去面對生命，用更積極的態度去安排可能的未來，謝謝這一切可以圓滿我人生最後這一段，感謝和感恩，也回饋了生命給我珍貴的一切！」

阿貓——心中永遠住著的那個小女孩

阿貓在12歲時曾懷抱出國讀書的夢想，但隨著父親驟然離世而幻滅。國小畢業就到工廠做女工，但沒因此放棄求學，先就讀函授學校，國高中都是半工半讀夜間部，最後就讀空中大學完成學歷。一直小姑獨處的她，在母親移民天國兩年後，決定提早退休，過自己想過的生活。當年她才55歲，十年後正式邁入獨居老人行列。

在宗教信仰引領下，她十幾歲時就決定終身茹素，並投入志工行列。在青春歲月裡，除了上班，就是照顧家人，且過去在高度壓力的服務業，總是強顏歡笑，她發誓不想再過那樣的生活，要找到快樂的自己。走入人生的第二階段，她加入三重愛笑俱樂部。在愛笑瑜伽裡，她慢慢的抒發長期累積的壓力，找回自己內在的活潑小女孩。

阿貓非常細心且有耐性，時常帶著據點長輩搭捷運或公車四處遊玩。這群千歲團旅伴們的行動有點緩慢，像是高齡九十的寶貽姨、中風過的第一敖、怕迷路的元妹，移動時都需要仔細小心，但經過阿貓的引導，大家都能順利地搭乘大眾交通工具移動，也讓自己保有行動的樂趣。

當年新北市愛笑瑜伽協會成立社區照顧關懷據點時，她也參與其中，享受陪伴社區長輩的時光，一起學習，一起玩樂，把長期在宗教團體當志工的熱忱也投入到據點來，帶著愛笑寶貝志工團的長輩們，到養護機構做服務，分享笑容與笑聲給機構住民。

曾有朋友問她，獨居會不會感到孤單無聊？她覺得每天回到家都好幸福，家裡很溫暖，而且可以隨心所欲做自己愛吃的菜，聽自己想聽的音樂，準備功課，一點都不無聊，也不孤單，反而認為自己好富有，雖然錢不多，但心靈非常滿足。在眼前生老病死這條人生必經之路，阿貓也曾經徬徨擔心老了病了怎麼辦？但未來不可測，慢慢變老的過程，只要學會接受就好，且趁還能自主時，就做好老化生活的準備，因此她培養書法、閱讀、繪畫等興趣，也養成運動習慣，還盡量調整飲食，留意自己健康與身體老化的影響。面對死亡，她為自己買好靈骨塔位，交代弟弟簡樸辦理她的後事，目前想做卻還沒完成的就剩預立醫囑，她希望不要浪費資源，好好離開，還要用笑跟大家告別。

第一敖——用生命影響生命的鬥士

對一個腦中風的病人來說，能不能走出來，是體能的問題，但願意不願意走出來是態度的問題，這也是為什麼我們稱呼他「第一敖」的原因所在，不僅是因為他中風三次還能從鬼門關走回來，令我們佩服的是他也承諾自己，要成為愛笑寶貝團的成員。他承諾自己，身體康復的一年後，就要跟著我們去養老院服務，而且他真的做到了。第一次出任務，要到萬華的愛愛院，為了不遲到，他提前幾天騎機車熟悉路況，在完成第一次的服務後，他帶著淚水與笑容，滿意的回家了。接下來，他跟著團隊又去了很多養老院，每次都留下美好的回憶。

記得有張照片是這樣的，當時他站著帶動跟他一樣中風、坐在輪椅上、年紀相仿的住民，進行伸展運動。兩位中風的長輩，一個站著，一個坐著，一起努力伸長不靈活的雙手的景象，讓我非常感動，這就是用生命影響生命。

有一次要到北投某機構做服務，第一敖一樣事先去探路，當天順利抵達。結束後，我接到在那裡擔任社工的好友的電話，原來是第一敖的枴杖竟然忘記帶走，我哈哈大笑起來，第一敖高興到忘記了自己中風剛康復，走路需要枴杖吧！

我們一起參加阿里山兩日遊時，我陪著他散步，他告訴我，里長又來拜託他繼續當鄰長，他也答應了。世界愛笑日時，他在全國好幾百位笑友的面前，拿著自己寫的稿子，上台分享他的服務經驗，邊講邊流淚，在眾人的歡呼聲下，他又完成一次不可能的任務。當你笑了，世界就不一樣了！笑雖然不能改變問題，但可以改變你面對問題的態度。原來還能為別人服務，是這麼快樂的事。

「第一敖」的稱號絕不是浪得虛名，這其實是莎拉笑長為他取的名字。他總是願意挑戰自己，一般人要如此堅持都不容易，何況他帶著曾中風的身軀。因為有他當榜樣，在協會裡的老寶貝，大部分都能獨立自主，願意替別人服務。現在第一敖已經快八十歲了，雖然疫情之後已減少到機構服務，但仍維持每週騎機車從汐止來據點，和大家一起吃午餐，為大家泡茶，談天說地。平凡的日子，第一敖過得很幸福。

曾純英——告別畢生摯愛，全心全意服務他人

純英從一位教授夫人變成笑長，過程頗令人心疼。在無尾熊笑長的帶領下，純英開始到據點上課。起初我對她並不熟悉，只是從外表看來，她有點太瘦，特別關心後才知道，她家裡有一位失智者需要照顧。她來據點上課，不僅是學習，也是想讓自己有喘息一

下的時間。她先生曾是非常知名的教授，因腦中風導致失智症，病程走的太快，半年內就退化到失能，突如其來的照顧壓力，讓她心力交瘁，睡眠與飲食都失調，更擔心未來還會發生什麼事。

幸好她總是能想辦法轉換情緒，利用空檔時間，努力學習愛笑瑜伽，並參加笑長培訓，希望自己能成長，甚至跟著無尾熊笑長，嘗試去養老院服務。來據點不到三個月的時間，她先生就離世了。處理好家事，她又回到據點上課，到養老院服務，甚至創立了台北市大安森林公園愛笑俱樂部。她也接受愛笑力講師培訓，未來也要投入培育志工的行列。

她的堅強意志與理性面對情緒的態度，都讓我好佩服。雖然先生離世後，她成為獨居老人，看似孤身一人，但在協會，她有好多事可以做，整天東奔西跑，活力滿滿。儘管現在她還是那麼瘦，不過我相信，樂在服務的她，內心肯定是飽滿充實的。

在三重愛笑俱樂部的八周年慶春聚活動中，她與羊咩咩笑長手上拿著微笑氣球，朝我熱情走過來，直喊著要跟我拍照，然後兩個人牽手我把圍在中間，就像兩個可愛的孩子一樣；我也張開雙臂，把兩位溫暖的媽媽緊緊摟著。我知道不管生命有多少磨難與未知，她們都能面對、處理、放下，然後朝著快樂的未來走去。我總是默默在心中對她吶喊：「加油純英，妳好棒！」

小棋與小楊——作一對散播歡樂，也最「鬧」的恩愛夫妻

小棋與小楊這一對歡喜冤家，是協會的創始元老。小棋天生木訥害羞，從廚師退休後，就閒賦在家，因為擔心自己會因此失智，某天聽到我在廣播節目分享愛笑俱樂部活動後，馬上積極參與。愛笑瑜伽運動對他來說真是大考驗，廚房工作幾十年，很少社交，要活潑的開口大笑真的不容易。剛開始他真的非常害羞，慢慢地和開心爸爸、龜王、老頭子一夥大老爺一起搞笑，讓他逐漸放開，跟著玩起來。二〇一七年世界愛笑日在台北，我們發起了抱樹做公益的活動，當時現場連同小棋在內，三個加起來兩百多歲的老大爺子調皮地抱著大樹的樣子，赤子之心展現無遺，真是愛笑老寶貝的最佳代言人。

小棋越笑越有自信，他的轉變讓妻子小揚也一起來據點，開始夫唱婦隨的愛笑志工生活。有一次關懷小丑協會來據點，分享裝扮小丑的技巧與簡易魔術教學，長輩們都是人生第一次扮成小丑，課程豐富又熱鬧，每個人臉上都戴上紅鼻子，畫上七彩圖案，戴上氣球做的帽子，搞笑拍照。小棋與小楊也粉墨登場與大家一同練習，拿著氣球劍互相敲打起來，兩「老」無猜的玩得不亦樂乎，當然要把這份歡樂帶到養老院去。

之後好一陣子，愛笑寶貝志工團都穿上小丑服，戴上紅鼻子，配合著「Ho Ho Ha Ha Ha」的愛笑咒語，在養老院裡跑跳。愛笑寶貝志工團與其他進入養老院服務的單位，有很大的不同點，在於我們不是屬於表演性質的團隊，目的在於陪伴機構長輩，所以，我們會

盡量增加互動，透過相互拍手擊掌，或是用氣球做成劍，互相敲打，一起唱歌，甚至演出情境劇。小棋與小楊這對寶，就曾經搭配洪榮宏的成名曲「一支小雨傘」，設計小楊拿著陽傘，小棋在後面追的逗趣橋段，他／她們發給機構的每位長輩一支玩具小傘，帶動他們在手上轉啊轉，讓手指頭靈活起來。

因為他們總是這麼認真與投入，對機構長輩充滿愛與關懷。Covid-19肆虐的那幾年，養老院與日照中心管制非常嚴格，每次進去都要快篩，而小棋與小楊為了能繼續服務長輩，忍受著戳鼻孔的痛苦，真的令人太佩服了。也感恩老天爺，這過程裡，小棋與小楊一直保持健康，這就是有愛無礙的最佳鐵證。

蛋黃酥與鳳梨酥——夫妻攜手邁向康復之路

「蛋黃酥」與「鳳梨酥」夫妻，一直是我心目中最快樂的退休族。他們是協會的鐵桿志工，任務到手總是使命必達，還要做到超越百分百的完美。幾年來他們一直堅持初心，長途跋涉，開車或坐車從基隆來到三重做志工。每次據點辦活動，總是能吃到夫妻倆親手做的蛋黃酥與鳳梨酥，所以夫妻倆有了這麼特別的外號。

有一天蛋黃酥忽然打電話給我，平常溫文儒雅，說話不疾不徐的蛋黃酥，焦急說著鳳梨酥身體不適，已經在醫院，但卻找不到病因。大概過了七天後，鳳梨酥被確診為帶狀皰疹，雖然積極治療，但卻留下後遺症。剛開始她幾乎不能下床，後來得依賴助行器才能行走，雖然積極復健，但病情好轉得非常緩慢。

疫情嚴峻期間，長輩們大多待在家裡，於是我把各項運動器材都寄到長輩家中，邀請大家在每天固定時間，線上一起運動。直到疫情趨緩，我鼓起勇氣辦了協會的會員大會，期待可以見到久違的長輩們。大會前，志工們熱情又歡喜的忙碌著，但只看到蛋黃酥的身影，鳳梨酥呢？原來她獨自拿著助行器在會場外練習走路，看著她的背影，真叫人不捨；畢竟原本她應該也在會場裡幫忙，甚至一起表演的。後來他們夫妻一度很少出現在協會，我也發現，他們的生活型態完全轉變了，鳳梨酥從原本照顧別人的角色，變成被照顧者，不僅無法到協會做志工，就連自理都有困難。而蛋黃酥從一開始焦慮徬徨，再轉換到穩定帶著鳳梨酥按表操課的復健之路，可說是非常鎮定的照顧者。後來我鼓勵他們不要只為了做志工才來協會，平常也可以來上空靈鼓課程，陶冶身心，也固定出門。

長者病後短暫失能，如何再復能？他們夫妻做到了。蛋黃酥為了陪著老婆做運動，每個復健動作都自己先練習過，後來也一起外出運動，一起練習空靈鼓，不放棄也不悲觀，按表操課。鳳梨酥說，復建過程非常痛苦，半夜有時候會痛的醒來哭，幸好有蛋黃酥在身旁陪著。台語有一句俗諺：「千金萬擔眾人擔，四兩輕病無人替。」意思是再重的東西，只要齊心協力也能搬動。儘管沒人能替你承受老與病，但如何有智慧的陪伴與照顧，是需要，也可以學習的。

榮哥——好忙但好熱心的好笑神

記得陳達誠（OK棒）總笑長在新北市愛笑瑜伽協會成立的致詞：「每個愛笑俱樂部就像一間愛笑廟，而來參加愛笑活動的長輩們都是『好笑神』，大家都會笑容滿面，長命百歲。」當場立刻博得滿堂喝采，這當然也是我的希望與目標。每一間廟都有一個管理者，就是「廟公」，而我們的愛笑廟公非榮哥莫屬了。

榮哥很年輕時喪偶後就未再娶，獨立扶養四個孩子長大，是名符其實的模範爸爸。在協會成立初期，志工人手不足時，他總是留到最後，擦乾淨地板、收好垃圾，檢查水龍頭與電器插頭，然後才關上鐵門離開。榮哥對據點裡的物品位置都瞭如指掌，也會幫忙修桌椅、裝水電；據點搬新家，為了節省經費，他從家裡搬來一大排櫥櫃、鍋碗瓢盆，把據點當成第二個家。他說孩子各自成家，他獨居，而且一週六天，據點從早上開門到大家下課回家，他都在這裡。

後來據點營運上軌道了，也聘請了專職站長（她從就學時期就在據點工讀），榮哥像照顧孫女一樣體諒她、疼惜她，盡力幫忙，隨傳隨到。每當站長出公差，榮哥也配合的恰到好處，完全不必擔心。

有次據點成果發表會的結束時間，和他孫子來探望他的時間衝突，我立刻請他別擔心，我會請人關門，家人相聚是最重要的。成果展當天中午，大家吃飽後開始換上「六億」幫忙租的和服，阿娘與其他志工媽媽們開心地玩著變裝秀和拍照，一轉眼已經下午兩點了，榮哥催促著大家。我問他：「是不是孩子回來了？您趕緊先回家。」他說：「不是啦，我怕大家來不及去三重體育館看老人演唱會。」我再說：「孫子不是要回來看你嗎？你怎麼還不回去呢？」他說：「下禮拜再回來就好啦！」我心裡暗自問：是牛仔很忙嗎？看來他老爺子有自己的生活，放生孩子與孫子啦！我們這間愛笑廟，少不了榮哥這位廟公，我想榮哥也絕對離不開我們。別以為開始獨居，就會變成三等老人：等看電視、等吃飯、等孩子回家。榮哥有自己的生活圈，有自己的事可以忙，孩子要回家可都要先預約。

龜王與荔枝——動作很慢，但認真活出生命力

「服務長輩就是要慢下來」，這看似簡單的觀念，是龜王教會我的。志工旅行那天，龜王與荔枝夫妻也去了。兩個月前，夫妻倆喝喜酒一起跌倒，一個手脫臼，一個鼻青臉腫，好不容易瘀血和脫臼都好多了，我們的擔心才剛放下，沒想到龜王竟然吐血了，檢查發現是癌症。老人家不相信，我勸他再去別家醫院檢查；醫生也請他別抽太多菸，但老菸槍哪有可能立刻戒菸，他繼續抽著菸，後來人消瘦了不少，體力也變差。

再次的志工旅行，兩人都沒來教室報到，因為龜王愛生氣，又吵又鬧，肢體衝突也不少，荔枝氣到去女兒家住了。主辦的同仁著急了，因為要收款還要保險，於是想著，就

讓他們在家休息吧，如果又出意外該怎麼辦？但活跳跳大隊長跳出來說：「不行，這時候更應該帶他們出去走走呀！我來照顧他們，大家多幫他們拍照吧！」當天他／她們騎著摩托車準時來到，和大家開心出遊。

旅行時夫妻不常走在一起，龜王好玩，喜歡到處看，活動力比荔枝好，但總是最慢上車，因為他是龜王。到了苗栗蓬萊溪護漁步道，我陪著龜王下樓梯走一段，專心聽導遊講解，苦花魚為什麼會苦，石𩼴魚不能吃，樹上的愛玉果長得真像百香果；風吹來涼涼的，很舒服，龜王被我牽的緊緊的，沒機會抽菸。

雖然之前我們常有機會相處，但這是我第一次牽著他的手，一路沒放開過。跟大家比起來，他當時步伐還算輕快，沒有病態。關於他的病情，我不再主動提起，因為他不喜歡當病人，也不是一個合作的病人。這幾年來，大家已經習慣他的一切，就是慢——反應慢、走路慢、聽話慢、說話慢……；有些人會跟他起衝突，因為不習慣他的慢。但我知道他很努力，很想努力跟上大家，像是去養老院服務、參加世界愛笑日大會、與愛笑俱樂部一起團練，來教室上課，甚至到社區去發文宣，協會的各種活動，他都積極參取。很榮幸，他是我們愛笑寶貝志工團的一員。也許從效率的角度來看，他不是優秀的志工，但從不放棄的精神，值得佩服。

回想他初次到養老院服務，他難得準時，還自己準備氣球，把在志工訓練時跟小丑團學的表演，大秀了一番。他通常不太管台上大家在做什麼，他用自己的方式將歡樂分享出去。他喜歡跟機構住民聊天，教他們比手語，也喜歡帶動大家跳舞、一起大合唱「期待再相會」。他總是跟我說，他要當服務者，不想當被照顧的人。

再後來，某次志工旅行之後不久，龜王就離世了。告別式時，螢幕上播放著龜王五年來在據點的點點滴滴，我難過地放聲大哭，很懷念他的一切。龜王很勇敢地活出自己想要的樣子，老了、病了、慢了又如何？他堅持玩到最後一刻，笑到最後一刻，幾乎沒有臥床，認真度過了最後的人生階段。

*

礙於版面實在有限，愛笑寶貝志工團成員精彩的生命故事，不會只有這些，我也永遠寫不完，感動更不曾終止過。我要對這次沒能寫到的遺珠之憾們，表示歉意，也致上敬意與感謝，因為有你們，讓愛笑寶貝志工團的力量更大、能傳得更遠，更深入新北市各地的養老院、安養機構，也讓更多的長輩能接收到我們的活力、愛笑力與祝福，也讓我成長許多。希望大家繼續加油，讓我們盡自己的一點力量，跟不等人的時間賽跑，一起在迎向超高齡社會的時刻，改變台灣的長照環境。

後記

下一站

踏入長照領域後，我一直站在公益角度來看這個社會，從政府到一般大眾，對長照制度的關注度與需求面。透過發起新北市愛笑瑜伽協會，我們成立了愛笑寶貝志工團、社區照顧關懷據點、失智社區服務據點，轉眼也快十年了。我知道我做的還很不足，畢竟許多前輩為長照的付出，遠遠超過我的想像。但一路走來的一點一滴，都在鍛鍊我的受挫能力，也引導我，開始用不同的角度看人生。

面對失智症長者的不捨與放手

疫情期間，眼看著長輩們統統被關在家裡，大家沒辦法跟外界實體接觸。我繼續透過線上課程，協助長輩延緩退化，但少了實體接觸，能做的很有限，讓我一直擔心著遠端的長輩們，有沒有確實每天運動、好好吃飯？終於等到疫情趨緩，實體課程恢復，將近三個月不見，真的萬幸長輩們都還能來上課。

但其中一位失智長輩一來到據點，我們就發現不對勁。她不斷想起身、說話，無法專心，與家屬協調，趕緊回診，請醫生協助用藥。儘管用藥已經升級、加重，但醫生仍特別提醒家屬，一定要讓她繼續來據點上課。感恩我們的老師與志工沒有人放棄她，一遍又一遍耐心提醒，帶著她，陪伴她，讓每次課程都能順利完成，她每天也會開心的來上課，雖然總是常常需要別人提醒，但她脾氣好，見到人總是笑咪咪，真是一個可愛的老寶貝。

然而，她的失智症狀仍持續惡化，嚴重時上廁所會忘記關門、用過的衛生紙不知道該丟進垃圾桶，洗澡的順序也不記得，用餐時已不會使用筷子，放在桌上的任何液體都會拿來喝，一次次的想要奪門而出……唉，怎麼這麼快，失智症病程已經像失速的列車，煞不住了！延緩認知退化，能做的我們都已盡力，接下來只能請家屬開始安排下一站了。但下一站在哪裡呢？我其實不想放手，因為在這裡，有同學與老師，還有熟悉的笑聲與溫馨的教室，唉，我真想留住她，疫情期間我們曾約好，解封要去阿里山看櫻花，都還沒去呢！

下一站，是在日照中心、養老院，或是找人在家照顧呢？儘管在她離開的三個月前，我跟家屬已經充分討論過，也與據點志工們心裡都有所準備，但還是覺得很不甘心，明明大家都為她這麼努力，但我們仍得理智為長輩做最好的安排。醫生安慰我們，說這已經不可逆，只能盡力。我想，若是以前的我，一定還會繼續撐，繼續想辦法，但是現在，該放手的，就得放手，該我做的就一定做好，能被我們服務的長輩都是緣分，未來若能為他們做更好的安排，一定要去做。

關於自己與家人的未來，長照功課做足了嗎？

目前候補想要來據點上課、接受照顧服務的長輩，其實還很多，每一位長輩的背後都是一個家庭；二〇二五年台灣進入超高齡社會，我在最前線，看著需要服務的長輩，宛如一波波海浪般不斷席捲而來，他/她們是很多家庭沉重的負荷，也是我心中最深的牽掛。身邊的朋友也都陸續進入中年了，幾乎每天都會有人問我，關於家中長輩到底要怎麼安排，讓我的使命感更重了。

人生旅途中，有許多美好的風景，在還沒到終點之前的每一站，都令人期待嗎？也許不盡然，但該來的總會來，時間不會停止，雖然有些無奈，但我們都努力，做最好的準備。每次我去演講，常問現場聽眾一個問題：「面臨越來越老的台灣，您的爸媽現在在哪裡？在做什麼？」通常現場會安靜三秒鐘。儘管我們的上一輩可能根本來不及思考，他/她們的第二人生該是什麼樣子，但我們應該還來得及規劃，也必須要認真去做。

我常提醒身旁的朋友，務必保持好自己的健康，因為爸媽可能會隨時需要我們的照顧。到養老院服務的過程，我真的碰過，高齡的母親與中風的兒子住在同一家養護機構的情況。兒子需要照顧的情況比母親還嚴重，但年邁的母親還能陪兒子多久呢？在板橋大觀路上，亞東醫院附近，有一排連棟大樓，一眼望過去，全都是養護中心與洗腎中心的招牌，一般人可能覺得沒什麼，但總令我觸目驚心。我想，沒人會希望餘生都在這裡進出吧？健康的身體，靠的是長期累積的健康習慣，儘管也許您已步入中老年，但只要願意開始，都會有收穫，絕對不嫌晚。

我也要再次提醒您，時時關心長照政策與相關資源的分配狀況。別以為那是以後的事，意外與明天誰先來？沒人知道。別讓自己被動接受事實，唯有主動關心、瞭解，才有機會拿回自己與家人的生命主導權。大部的人往往都是被動成為照顧者，有預先做準備者比例仍極低，幾乎都是碰到才知道，才開始瞭解。人生只有一次，如何盡量避免讓自己因成為照顧者，而打亂腳步，即便不逃避也能把事做好，並仍可享有自己的人生，都是需要提早規劃的。多數人在沒有準備的情況下，被迫需要面對，心理、身體、財務都需要承受巨大壓力與挑戰，也是長照悲歌經常出現在新聞裡的原因。

期望本書裡老寶貝們的故事，都能讓您感動與啟發；我所分享的一些方法、資訊，也期盼您能因此有所起心動念，並開始為自己與家人的退休、長照規劃有所行動，祝福您的第二人生精彩可期，「一路笑到掛，一切沒牽掛！」

永遠不嫌多的感謝與祝福

能有機會投入長照公益，甚至能寫這本書，要感謝離開已經十年的父親給我的啟發，我相信這是他在冥冥之中，送給我最後的禮物：原來活得快樂最重要。大笑雖然是很自然、簡單的事情，但卻曾經變得那麼若即若離，生活中的壓力、挫折，讓我們可能忘記大笑。感謝卡塔利亞醫生所創立大笑瑜伽運動，讓我們找到重拾大笑的捷徑，也找回健康、活力。

要致謝的貴人還有好多。感謝我的老闆丁文棋先生（現任中華民國廣播商業同業公會理事長）給我舞台，任我飛翔，總是給我支持與讚許，他是新北市愛笑瑜伽協會從成立以來，唯一一位捐款不曾間斷的貴人。而廣大的廣播節目聽友，長期在空中聽著我練習大笑，直到笑出活力，笑出自我，也時常Call-in進節目與我分享精彩動人的生命故事，你／妳們每一位都是我人生重要的導師。

記得當年在我曾一度陷入憂鬱深淵時，熱心的蔡凱宙醫生向我分享他的大笑經驗，並引薦台灣愛笑瑜伽協會的陳達誠總笑長讓我認識，才展開這十年的探索自我，學習愛笑瑜伽、創立協會、展開照顧長輩之旅。而總是像彌勒佛一樣笑呵呵的陳達誠總笑長，往往在我迷惘的時候，給我最正面的引導，也經常不吝嗇訴說他過往的失敗經驗，讓我知道，唯有自己去體驗，才能有所開創；他總說我是他最得意的學生之一，並以他的寬容大肚，分享所學所知，毫無保留的無私奉獻與付出，他在我心中的形象，正如同卡塔利亞醫生曾說過的「內在靈魂之笑」雷同。我覺得總笑長做到了，我也正在努力學習著。陪我一起練習愛笑瑜伽，全國各地愛笑俱樂部的笑長、笑友們，我也要感謝你／妳們，督促我努力學習，也把快樂透過大笑傳遞給我，給我「愛笑力」的正能量。

回首公益之路，天主教失智老人基金會的陳俊佑主任是引領我找到方向的人，我最喜歡他幽默但不失專業務實的課程內容，並為他服務失智症關懷長達三十年的善舉所感動。輔大心理系黃揚名博士則是我認識最年輕有為的心理學教授，他對心理學的熱情與付出，令人佩服，更感謝他總是願意分享更多好書與好方法給我，也向商周出版推薦我寫這本書，讓廣大讀者能有機會更認識我的長照理念。非常榮幸與感謝黃貴帥、林頌凱兩位醫生、台灣愛笑瑜伽協會前後任理事長對我的認同與讚賞。當然還有中華金點社區促進聯盟洪禮錝理事長對我的支持與愛護，以他在社區照顧關懷、銀髮教育多年努力的崇高地位，對我們新北市愛笑瑜伽協會的肯定，絕對是持續推動公益上的莫大助力。我還要感謝新北市社會局與衛生局各級長官的關愛與認可，特別懷念已經仙逝的社福界俠女，社會局前局長張錦麗對我們長期的支持，真的好希望她也能讀到這本書。

當然還有最細心、盡職的三位據點站長：陳韻淇、蕭妙盈、蔡嘉憲，與我最敬愛的愛笑寶貝志工們，以及所有曾來據點參加課程的長輩們與家屬、專業講師，和每一次贊助我們協會、俱樂部公益活動的廠商、善心人士。還有為「二〇二三世界愛笑日在新北」熱情代言的王滿嬌、唐從聖，因為有你們的笑容，讓我充滿動力，能夠繼續踏上我的公益愛笑之旅。讓我用最真誠的敬意說聲：「有您真好，謝謝，讓我們一起繼續邁步向前。」此外，我也要向辛苦、認真的商周出版編輯同仁說聲謝謝，不僅給我出書機會，還花時間與我討論撰寫方向，並非常仔細協助調整，與潤飾我的文稿內容，而協助我撰文編修的吳昌儒先生功不可沒，因為他的用心與專業，才讓這本書能順利完成。

最後，感恩我的父母，讓我有機會看到這個世界，給我足夠的勇氣能去尋找人生更多的可能性，並深深感謝我親愛的家人、公婆給我最溫暖堅定的支持，也把自己照顧得很好，讓我能無後顧之憂，全心投入公益。

感恩長照公益之路上有那麼多貴人鼓勵，我會繼續努力。

國家圖書館出版品預行編目資料

熟齡生活齊步走/王淑芳（嫚嫜）著. -- 初版. -- 臺北市：商周出版：英屬蓋曼群島商家庭傳媒股份有限公司城邦分公司發行, 2024.06
面； 公分. -- (View point；121)
ISBN 978-626-390-139-1(平裝)

1.CST: 老年 2.CST: 生活指導

544.8　　113005765

線上版讀者回函卡

View Point　121

熟齡生活齊步走——大笑迎接人生下半場

作　　者／王淑芳（嫚嫜）
文字整理／吳昌儒
企劃選書／黃靖卉
責任編輯／彭子宸

版　　權／吳亭儀、江欣瑜
行銷業務／周佑潔、賴玉嵐、林詩富、吳藝佳
總 編 輯／黃靖卉
總 經 理／彭之琬
第一事業群總經理／黃淑貞
發 行 人／何飛鵬
法律顧問／元禾法律事務所 王子文律師
出　　版／商周出版
台北市115南港區昆陽街16號4樓
電話：(02) 25007008　傳真：(02)25007759
blog: http://bwp25007008.pixnet.net/blog　E-mail：bwp.service@cite.com.tw
發　　行／英屬蓋曼群島商家庭傳媒股份有限公司城邦分公司
台北市115南港區昆陽街16號8樓
書虫客服服務專線：02-25007718；25007719　24小時傳真專線：02-25001990；25001991
服務時間：週一至週五上午09:30-12:00；下午13:30-17:00
劃撥帳號：19863813；戶名：書虫股份有限公司
讀者服務信箱：service@readingclub.com.tw　城邦讀書花園 www.cite.com.tw
香港發行所／城邦（香港）出版集團有限公司
香港九龍土瓜灣道86號順聯工業大廈6樓A室_ E-mail : hkcite@biznetvigator.com
電話：(852) 25086231　傳真：(852) 25789337
馬新發行所／城邦（馬新）出版集團【Cite (M) Sdn Bhd】
41, Jalan Radin Anum, Bandar Baru Sri Petaling, 57000 Kuala Lumpur, Malaysia.
電話：(603) 90563833　傳真：(603) 90576622　Email：services@cite.my

封面設計／張燕儀
排版設計／林曉涵
印　　刷／韋懋印刷事業有限公司
經 銷 商／聯合發行股份有限公司
新北市231新店區寶橋路235巷6弄6號2樓電話：(02) 29178022　傳真：(02) 29110053

■2024年6月11日初版一刷　Printed in Taiwan
■2024年7月9日初版2.6刷
定價400元

城邦讀書花園
www.cite.com.tw
 ISBN 978-626-390-139-1　eISBN 9786263901377 (EPUB)